作者小照

作者和夫人

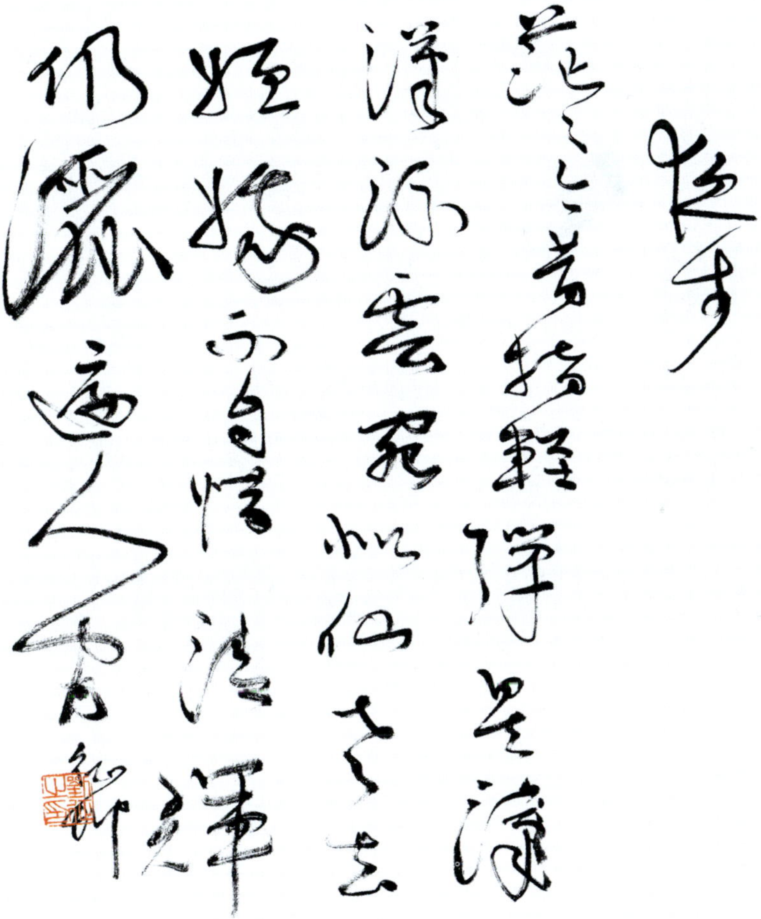

作者手迹

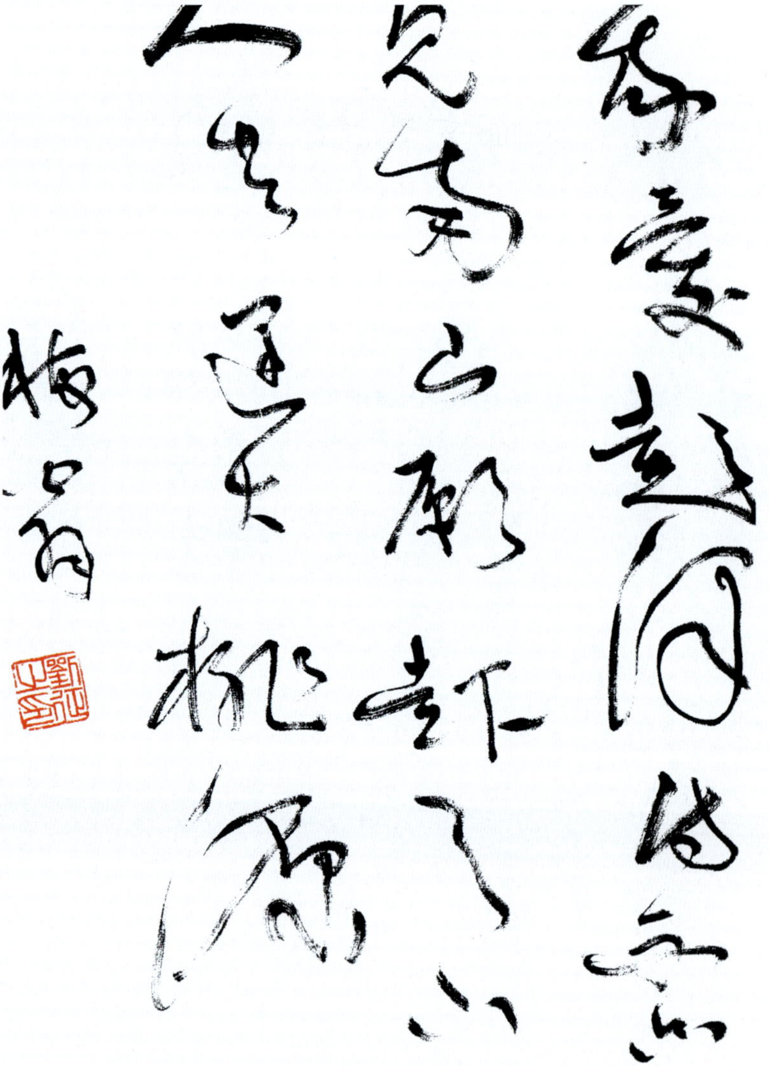

作者手迹

刘征文集（续编三）

诗词及其他

人民教育出版社

·北京·

图书在版编目（CIP）数据

刘征文集续编．3/刘征著．—北京：人民教育出版社，2015.5

ISBN 978－7－107－29221－7

Ⅰ．①刘…　Ⅱ．①刘…　Ⅲ．①社会科学—文集
Ⅳ．①C53

中国版本图书馆 CIP 数据核字（2015）第 104028 号

人民教育出版社出版发行

网址：http://www.pep.com.cn

人民教育出版社印刷厂印装　全国新华书店经销

2015 年 5 月第 1 版　2015 年 5 月第 1 次印刷

开本：890 毫米×1 240 毫米　1/32　印张：8.5　插页：2

字数：170 千字　　印数：0 001～1 000 册

定价：23.20 元

如发现印、装质量问题，影响阅读，请与本社出版科联系调换。

（联系地址：北京市海淀区中关村南大街 17 号院 1 号楼　邮编：100081）

我的诗笔生涯（代序）

刘　征

我与诗结缘，要从上初中时算起，那时我十二三岁，到而今已七十多年了。这漫长的岁月中，我的诗词创作得到充分发展，大体上可分作三个时期。首先是20世纪40年代，是学习和习作时期。其次是20世纪50至60年代，是弃旧图新，写新诗（主要是写寓言诗）时期。“文革”搁笔十年。然后就是20世纪70年代文革结束，开放搞活至今。这一阶段是我的创作生涯最活跃、最广阔的一个高潮时期。

我上过私塾，自幼爱好文学。中学是在当时沦陷的北平一所提倡读古书的学校里读的。一位美术老师陈小溪，诗、书、画、印都有很深的造诣。我课余就师从陈老师学画。有一次，我在扇面上题了一首小诗，其中有“晚起生竹箩，清阴筛素月”两句。陈老师见了很高兴，说：“你可以学写诗！”这是我写诗生涯的起点。在陈老师的指导下，几年间，我读了许多书。陈老师送给我一部《杜诗镜诠》和一部《古今诗范》，这两部书是我主要研习的书。也许是当时山河破碎的时局和我的少年爱国情怀能在杜诗中找到共鸣，我对杜诗情有独钟，感到杜公如家人父子一般亲近。后来，经陈老师介绍，我拜贺孔才先生为师，眼界更加开阔。写诗，我是苦吟派，师友笑我有些像李贺。那六七年间，我写诗200首左右，多数经过陈、贺二师的手批，可惜大部分散失了，仅有的一些，编入《刘征文集》诗词卷。这些诗，现在看来是幼稚的，且多模仿的痕迹。但是，敝帚自珍，如同看自己儿时咬着手指头的照片。

1945年抗战胜利，1946年我高中毕业考入北京大学。我久已向往的革命得到了实际接触的机会。国内外的进步文学作品，特别是毛主席的延安文艺讲话和解放区的小说、诗歌，使我摒弃了旧文人的“故纸堆”，毅然投身革命，诗歌创作自然也抛弃旧体改写新诗，走为人民大众服务的思路，一发不可收拾。20世纪50年代初，我开始在人民教育出版社当编辑，参与和领导中学语文教材的编写，一干就是几十年，直到离休。人教社的工作繁忙，我只能利用业余有限的时间搞创作。业内业余，相济相成，我乐此不疲。开始从事新文学创作时，我做过多种尝试，都不能得心应手。记得在20世纪50年代初为新编文学课本选课文之时，我读到俄国克雷洛夫的寓言诗选，怦然心动，爱不释手，一拍即合。“笔不开花偏著刺”，不善于歌颂，却偏于讽刺，天性使然吧。

于是，我开笔写散文寓言和诗体寓言，受到《文艺报》和《中国青年》的欢迎，20世纪60年代开始在《诗刊》上发表，产生较大的影响。在《诗刊》上发表的《三戒》（《天鸡戒》《海燕戒》《山泉戒》）以及《鹅》等，受到诗界关注。《诗刊》主编臧克家著文推荐，赞为“新花”，这应是我同这位大诗人交往之始。从此以后直到1966年“文革”，我写了许多寓言诗，其中有一篇值得一提，即《老虎贴告示》，有些师友和读者至今念念不忘。

诗歌深受广大群众的欢迎，曾盛极一时。《诗刊》主办的诗歌朗诵会，反响热烈，常常是主会场容纳不下，要拉线到分会场。我的讽刺诗寓言诗也总是获得热烈的掌声。臧老曾在文章里提到此事。说到这里，要再叙一事。在1957年“反右”之前，作家出版社向我约稿。我很高兴，整理存稿，命名《集零集》寄去，正当此时，霹雳一声，“反右”开始了。一天，出版社的一位老编辑来访问我，说这本书不宜出版，将书稿退给我。初生牛犊不怕虎，渐渐我才知道，在严峻的情势下，搞讽刺文学无异于在刀尖上跳舞，好险啊！难怪偌大的中国文坛，当时搞讽刺文学的寥寥无几，真要感谢那位老编辑（可惜忘了他的名字），如果他不把我的书稿直接交给我，而是交给领导，那后果不堪设想。但是，我竟不知悔改，本性难移，“反右”以后，又重操旧业写起寓言诗来。果然好景不长，厄运真的降到头上了。

1966 年“文革”爆发，老伴儿和我都被揪出来，受到“一对黑”的嘲讽，吃尽苦头。“写黑诗”是我的罪行之一，家中的诗稿如一块大石头压在心上。一天，“造反派”勒令“黑编辑的黑爪子写的黑文章统统交出来”。这对我来说如同五雷轰顶。我急中生智，把书稿坠上一块铁，乘夜深人静，悄悄投进了宿舍附近故宫的筒子河。

但这一招不过是鸵鸟政策，那些诗文都曾发表过，投河又有何益？然而，居然收到效果。那之后，“造反派”打起派仗来，无暇他顾，我悄悄躲过一劫。那些诗稿，后来我又自己到图书馆查阅、清抄，损失不大。“文革”十年，寓言诗我一字未写。受尽苦难甚至生死考验，我已经下决心折笔裂砚，“不留一字在人间”了。然而，粉碎“四人帮”使我有了天翻地覆的转机。那时的心情，有如一双巨手揭掉如来佛的符咒，我翻掉了压在身上的五行山，一跃而起，“仰天大笑出门去，我辈岂是蓬蒿人”！

“不留一字在人间”的戒律抛到九霄云外，文兴勃发，便如冲破闸门的洪水，滚滚涛涛，长流不息。自己未想到，幸存到晚年，却出现创作的高潮。亲朋好友时时善意劝告，千万谨慎小心，“文革”再来一次，可就糟了。老伴儿偶尔也劝我，但更多的还是鼓励、帮助。

此时我的笔下，从单一品种变成多品种：继续写寓言诗，增加写杂文、诗词。故业重理，竟得到很大发展，成为一项主要收获。同时，荒疏几十年的书法也跃然来到笔端。

先说寓言诗。在庆祝粉碎“四人帮”胜利的大会上，朗诵了我的《鸱鸮的下场》，获得热烈掌声。我摆脱了“下笔如有‘绳’”的感觉，一路写来，越写越多，越写越自鸣得意。试想，使那些假恶丑的东西，一个个剥其华衮，以昭世人，该是多么痛快的事啊！诸如《烤天鹅的故事》《春风燕语》《大佛肚子里的耗子》《凤凰的喷嚏》等，有的至今仍经常被朗诵。

寓言诗是诗中一个独特的品种。五四以来，写散文寓言成专著的有冯雪峰，写寓言诗的寥寥。应该说，我是拓荒者，填补了一个空白，有一位评论者认为“五四以来罕有其匹”。我开始写寓言诗时，主要是借鉴外国的，如克雷洛夫、拉·封丹等的作品。但我不甘心一直这样做，相信我国几千年的文学积累中定有未充分开发的瑰宝。于是，十多年间，我用一部分业余时间，搜集、整理我国古代寓言和寓言诗。与好友马达、戴山青合力编成《寓林折枝》一书，书名是病中的茅盾先生题的。之后，马达、白本松、鲍延毅三友又出版了《中国古代寓言诗选》。二书，披览宏富。通过对我国寓言的学习，我大开眼界。这个时期我写的寓言诗，与初期有所不同。

写寓言诗必须经过特殊的构思，把现实生活迷幻化，鲁迅所谓“涉幻成趣”，不可能直抒胸臆，于是我增加一个品种——杂文。在我的笔下，寓言诗和杂文同是鞭笞黑暗，神髓是相通的，只是表现手法不同。我开始写杂文的时候，正值新时期杂文兴起，投枪匕首，异彩纷呈，有一本《当代杂文史》，记录了那份热闹。单说我，我的《庄周买水》在《人民日报》获奖之后，刘成信同志在报上著文，称我的杂文为“怪体杂文”（后来也称“怪味杂文”）。自己想想，我确是不按常规出牌的。归纳起来，至少有以下数体。一是说说唱唱体，发表在《人民文学》上的第一篇杂文即用此体，后来也还常用。二是寓言故事体，实为散文体寓言。三是故事新编体，《庄周买水》即用此体，后亦常用。四是聊斋志异体，谈神说鬼，兼及神话。五是短诗体，借鉴泰戈尔的短诗，以讽谕为内容。我曾写过近300首，分编在“播谷篇”“雕蛇编”等数篇。我称之为杂文诗，也可谓诗杂文。六是戏曲类，由鲁迅《曲的解放》生发开去，写成散曲或套曲，但不遵守曲的格律，信马由缰，只是带点儿曲味。我每每写之，大有异趣，命曰“杜撰曲”，也可叫作“杂文曲”，至今已写出30多篇，兴犹未尽。

当然，我也采用一般的写法，写成艺术性论文，有些还算不错，如《悟〈西游记〉的“豹尾”》《诗谳琐话》《华居三问》等。

朋友曾对我说：“你的寓言诗和杂文的风格是一致的，总是人兽鬼神杂沓，时空交错，风谲云诡，匪夷所思。至于文体，总是使其基因变异，生出怪胎。这当属什么派呢？谓之荒诞派可乎？”我说：“您是高看我了，我是无派之派。”

该说说写诗词（应是传统格律体诗），写起来才发现，诗词是我的最爱，写起来开心动情，偶得佳句，神飞气畅，感到莫大的快乐，“虽南面王不易也”。因此，如今人老了，而诗心不老，仍怀逸兴壮思飞。

拨乱反正之初，我就故态复萌，拿出闭锁20年的笔砚。参加庆祝粉碎“四人帮”大游行归来，奋笔写了一首《水调歌头》，就此开笔。

当时，报上发表诗词还只限于几位国家领导人的作品，诗词的冰冻未解。我每有所作，即寄给臧老请教，得到臧老热情的赞许，喜出望外。每谈我诗，他总写回信，用毛笔写在诗笺上，书法清新健劲。高兴起来，他写道“眉飞色舞，艺术之伟力如此”。由此越加亲近，成了相差20岁的忘年之交。他给了我许多重要的指教，实际上是我的老师。我欲称他老师他不同意，亦师亦友吧。

由臧老介绍，我结识了《人民日报》高级记者程光锐同志。他话不多，总带着亲切的微笑。他是诗兼新旧，诗词的造诣极高。他写的《沁园春·马踏飞燕》一词曾得到臧老和茅盾先生的盛赞。后来他、臧老和我三人合出了一本诗词集《友声集》。“三友”，是臧老提出的。我把臧老给我的书信裱成一个册子，臧老题跋，其中第一次出现“三友”二字。后来臧老病重，我去看他，他握着我的手，只用浓重的山东话说了两个字“三友”。如今臧老、光锐都已谢世，岂不痛哉！

“三友”的诗词创作主张是一致的，倡导新内容、新思想、新语言。一个“新”字，多么重要，已被几十年创作实践所验证，用不着多做阐释了。对此我体会更深。

这几十年中，我先是跑遍大半个中国，历览名山大川、八千云月，后又出国旅游，走遍欧美亚半个世界。随足迹之所至，凡所见所闻所思所感都发诸诗吟，可算得一位行吟诗人了。至今已积累了三千首诗词。这一大堆东西，是我生命的外化，是我感情的凝结、我的幻想，是我不守固常的天性也。诗中有大笑也有悲戚，有舒心之乐，也有拍案之怒，既寄托了我个人的情思，也反映了时代风云的某些侧影。虽然合起来看，亦不过芥豆之微，但总算对国家对人民做了些有益的事情，给我们这个多姿多彩的诗坛添了一块铺路的石子。

“新”的进一步要求，就是“美”。美是诗的精魂，关系到诗感动读者的深度、广度、力度和恒久度。诗美如长天大海，仰之弥高，钻之弥深。我们在求索，攀登这座望不到顶巅的奇峰，犹如夸父逐日，永远赶不上太阳，却可以获得烂漫的桃花。

还要写一笔，就是书法。写字的理论和法度是书法，写得合乎法度的字应叫法书。目前将这两个词弄混了。

早年上中学同陈小溪先生学习诗画时，也兼习写字，临习二王，但成绩甚微。参加工作后，放下了，可对书法的爱好无时或减。我写了许多著名碑帖拓片和墨迹，影印本只是欣赏，很少动笔。拨乱反正以后，我正式写起字来。先是迷恋魏碑与篆隶，后又返归二王，近年更堕入狂草的迷阵。

我曾问书法于两位书家。问欧阳中石老兄：习书之妙要何在？答曰：在用墨。又问于沈鹏老兄，答曰：在用笔。这用墨与用笔，博大精深，奥妙无穷。我锐意求之而书大进。但书法在我不过是一种爱好，不敢自列于书家之林。自鸣得意之诗篇，以精良笔墨书于诗笺之上，感到心旷神怡。我命之曰“笺书”。近年视力渐衰索性放笔为大字狂草，有斩蛇斫鲛之快。

我的笔墨生涯还在进行中。我已经87岁，精力日衰而诗心未老，天可怜见，假我数年乃至更多，我仍然要舞文弄墨。这大半辈子，我出了30多本专集，编为《刘征文集》八卷，已出七卷，第八卷也要问世了。您如肯赏光，不妨找来翻翻，让我陪您聊聊天。何以解忧？唯有聊天。

2013年8月于鹫峰书屋

目 录

2011年

2013 年

2008 年

漓江舟中，用岳奇先生韵

兰桡载酒泛漓江，
取次青峰影掠窗。
拍照船头腾笑语，
飞来蛱蝶舞成双。

兴 平 泛 舟

四山皆绿一山青，
峭壁披麻络古藤。
画展漓江山水卷，
扁舟缓缓画中行。

即景，用沈鹏先生韵

云外青山影半遮，
联拳白鸟卧滩沙。
春花向日明如绣，
苍壁悬藤曲似蛇。

闲庭二咏

绿 竹

小园花树繁，最爱青青竹。
绕舍千百竿，当窗复倚户。
高者亭亭立，翠袖翩翩舞。
仿佛思远人，黄昏自延伫。
低者伏草间，虫蚁为俦侣。
仿佛儿童戏，颇有天真趣。
逸者似吟诗，伸眉舒远目。
徐徐清风来，拍手得新句。
悴者若生愁，摧折何局蹙？
一枝劲似铁，指向天高处。
晨起步竹径，老伴相扶助。
错落筛晨光，衣袖沾清露。
夜卧感新凉，清梦时断续。
洒洒复潇潇，枕畔竹梢雨。
高窗印竹影，明月当三五。
颇讶造化工，绝妙胜毫素。
爱君有清风，青衫能醉舞。
爱君有劲骨，无蔓事攀附。
爱君能本色，无花弄媚妩。
爱君能率真，虚中无城府。

东坡爱竹甚，宁可食无肉。
我好与坡同，无竹令人俗。
来朝风雪寒，更爱青如故。

清　溪

舍南一溪水，溪上小桥横。
溪底铺卵石，溪水浅且清。
溪边列坐椅，遮阳柳青青。
绿波浮白云，锦鲤云里行。
黑红黄白褐，五彩灿纷呈。
水面浮鹅鸭，雪翅兼花翎。
大者昂然先，小者依序从。
水下与水上，生趣分两层。
鱼鸟各自乐，相爱不相惊。
老人椅上坐，鱼鸟来相迎。
鼓鳍拨绿波，拍翅叫声声。
老人抛食屑，鱼鸟皆欢腾。
老人惬意笑："慢些，莫相争。"
白发微微颤，温温亲子情。
细想濠梁上，庄惠不相让。
非鱼不知鱼，此语实欠当。
将死其鸣哀，争雄其气壮。
众生情相通，鱼鸟无假象。

倒是人与人，心隔厚壁障。
老境要安闲，且住勿多想。
坐久鱼鸟散，如沸秋虫唱。
月上柳梢头，倒影溪中晃。

2008 年 9 月

2009 年

求能友赠诗，次韵奉和

欲采芙蓉遗所思，
南天怅望默拈须。
相逢未接一樽酒，
酬唱先传万里诗。
难忘云雾惊昨梦，
幸存蒲柳及春时。
冬梅也共群芳笑，
几朵新花漫著枝。

2009 年 1 月

【附】

赠刘征先生

古求能

凭窗顿惹芷兰思，
尔雅温朵忆雪髭。
云汉高情鸿雁札，
风花怒影蓟轩诗。
悬知铁笔凌云处，
又是先生泼墨时。
惭愧未能亲捧砚，

为公聊寄岭梅枝。

2009年1月

题《抗震壮歌》十七首

老画师侯君一民率诸同道创作了巨幅壁画《抗震壮歌》，长近200米，高2.5米，艺术地再现汶川抗震全过程。感天动地，壮气凌云，伟乎壮哉！拜观之余，顿发豪兴，题绝句十七首，为壮歌伴奏。

一

地裂山崩虐汶川，
扶危救死战声酣。
凌云壮气凌云笔，
千尺丹青著史篇。

二

万手相携奋挺身，
震灾八级抗千钧。
红星照亮深山夜，
彩带飘来四海云。

三

稚女深埋夹缝中，
读书记诵自从容。
定知叔叔能相救，
一朵娇花比劲松。

四

返救同学不顾身，
时才脱险尚惊魂。
少年高跻人生境，
生死关头解为人。

五

拼将血肉翼学童，
大海高山师道崇。
大海汪洋都是爱，
高山巍峙杏坛风。

六

无声撼似雷霆震，

片语情如江海深。
儿见手机如见母，
摧残不死母亲心。

七

谁怜丧母子啼饥，
警士怀中吮乳汁。
母爱而今成广大，
一家儿是众家儿。

八

深谷高崖雾塞天，
救灾冒死不辞难。
天兵玉碎英魂在，
化作崇山护汶川。

九

旦夕安危一发间，
滔滔巨浪压头悬。
万家不受分毫损，
导引银河落九天。

十

八方援手举纷纷，
兼及近亲和远邻。
重载车流来不断，
宗宗件件五洲心。

十一

深山何处饭飘香？
临建排排木板房。
医院接生方报喜，
书声琅琅起灾乡。

十二

无畏无私大爱深，
昂扬万众一家亲。
敢将铁臂擎天坠，
更有春阳暖在心。

十三

沙飞石走立昆仑，

忠爱肝肠儿女心。
抚慰孤残含热泪，
从容挥手奋千军。

十四

飘香铺绿遍人间，
哪怕风雷雨雪缠。
千古吾华存浩气，
葱茏大树日参天。

十五

妙手真能移造化，
展观浑不似丹青。
当头惊坠崩山石，
到耳奔来万马声。

十六

沉沉风雨揽寰楼，
老卧山林未肯休。
白发满头豪气在，
还将画笔当吴钩。

十七

燕山如席雪花飘，
走笔如龙墨涌潮。
欲为壮歌充伴奏，
诗魂跃起舞重霄。

2009 年 2 月

悼孙轶青先生二首

一

荒原拓路甘风雨，
时代回声倡创新。
正是诗坛春色好，
丰碑长记领军人。

二

同访兰亭思赠砚，
每逢雅集共挥毫。

晨光〔1〕有约长相失，
泪洒悲风怅寂寥。

2009年。

漫兴三首

一

日暖风清柳影斜，
矿泉瓷盏泼新茶。
诗如逐蝶飘不定，
搁笔凝思数落花。

二

桂酒琼浆莫漫夸，
征夫偏爱路边茶。
老来不作惊人语，
诗在寻常百姓家。

〔1〕晨光街，孙老住处。

三

漫不经心水流去，
似曾相约鸟飞来。
春光未负惜春叟，
三朵两朵海棠开。

2009 年春

题画墨兰

应怜出谷骚心苦，
聊写临风吴带长。
画笔为传真意态，
原来无色也无香。

2009 年春

题画竹

岂可此君一日无？
天然清韵映吾庐。

娟娟明月窗前影〔1〕，
不待丹青自画图。

2009 年春

伤　逝〔2〕

兰亭嗟悼殊多事，
殇咏风流足快然。
春水迢迢流不尽，
花开花落自年年。

2009 年春

立　夏

立夏当歌新绿颂，
春归不写落花诗。
细听鸟雀檐头语，
共笑先生老更痴。

2009 年初夏

〔1〕窗前有丛竹，画之。

〔2〕昔岁景山公园牡丹盛开时，老诗人臧克家先生及夫人，与程光锐、杨金亭、丁国成诸诗友同来游赏，盛极一时。臧老及夫人仙逝，雅集不再。今岁重来，何胜感叹，以诗自解。

悼台湾梁云坡老友

诗画频传隔海情，
长思良夜话芳星[1]。
鸿书欲寄忽无地，
正是春来墓草青。

2009 年 4 月

平谷记游十首

访青龙山滑雪场

平谷真金谷，
青龙走玉龙。
渔阳更旧貌，
红酒醉春风。

---

〔1〕云坡曾来京，在当时我家居所方庄芳星园聚首，作深夜之谈。

重游金海湖[1]

春水茫茫远接云，
湖光一看一番新。
重来欲问湖边柳，
可认当年踏浪人。

访轩辕台二首

一

民族复兴日，
春开锦绣天。
万花红似血，
以血荐轩辕。

二

（效《幽州台歌》）

前如见古人，
后如见来者。
纵诗魂于天地，

〔1〕昔日曾来此游泳。

畅遨游而上下。

访 挂 甲 村

将军挂甲但传闻，
鸟语花香感客心。
我愿五洲齐挂甲，
亲亲热热地球村。

访明长城遗址——将军关

燕山佳气护都门，
大道朝天不起尘。
如铁关城阅今古，
令人长忆戚将军。

访 石 林 峡

晨风凉入袖，
好客鸟相迎。
树远天围绿，
云开山送青。
澄心潭自古，
无语石通灵。
老悟天人趣，

方知物有情。

大峡谷泛舟

分波一线夕阳明，
壁立云崖千尺青。
回首游踪问何似？
小三峡里放舟行。

临　江　仙

访丫髻山和神桃峰

分明群玉山头见，倚天曼立亭亭。绿云低鸟彩云风。山花开笑颊，好鸟拟歌声。　　闻道仙桃天上好，抛来素手盈盈。灵根今日雨中生。翩翩来蛱蝶，灼灼万花明。

浣　溪　沙

桃　花　海

春雨催花花满山，风前万树火初燃。赤霞红雨海连天。　　述异何须陶令记，寻源莫放武陵船。寻常百姓是神仙。

2009 年 5 月 17 日

端午吃粽子

1966年五月间，“文革”以暴风雨之势爆发，我和老伴同被“揪出”。为回避白眼和怒斥，不到食堂用饭，在附近一家小店买粽子吃。此后之事一言难尽，今又端午吃粽子，40年前往事如在目前，诗以述怀。

曾悲五月凛严冬，
往事仓皇叹道穷。
四海儒冠沦溺器，
三春兰芷委盲风。
椒浆且酹江潭月，
心事为传衰鬓翁。
此去汨罗江水暖，
唯将角黍戏鱼龙。

2009年6月

金　缕　曲

张结先生八旬华诞，我以一杖为寿

世路多修阻。问几番狂涛折桨，焦原侧足。劈断三山开广陌，准拟龙行虎步。却一路风风雨雨。彩笔昔曾干世运，向田园，老矣曷归去。但细写，闲居赋。　　行行不息人生路。仰长天，嘶风老骥，不堪枥伏，襟上尘痕休拂拭，梦里犹闻征鼓。便欲罢，怎能辄住。欲逐楚狂持绿玉，或不然，慷慨歌桃竹[1]。奉一杖，为君助。

沁园春

漫步天安门广场

漫步天安，云拥崇楼，风清夜城。望华灯焕彩，地垂星汉；长街横带，车走雷霆。云月八千，鲲鹏九万，寸寸新天碧血凝。丰碑矗，听铿锵寄语，漫道无声。　今番更启新征，喜禹域尧天见复兴。起鳞鳞广厦，九州花雨；熙熙玉帛，五海宾朋。簸荡天风，陶钧地火，万镒黄金铸大同。何曾老，觉年来秃鬓，黑发重生。

2009 年 7 月

新笋篇二首

一

我爱楼前竹，曾著绿竹篇。
去冬大风雪，天地凛严寒。

---

〔1〕李白诗：“我本楚狂人，凤歌笑孔丘。手持绿玉杖，朝别黄鹤楼。五岳寻仙不辞远，一生好入名山游。”又杜甫有《桃竹杖引》。

吁嗟竹稚小，移栽未周年。
入土根尚浅，立地欠牢坚。
北风似刀割，冰雪似压铅。
枯黄纷落叶，摧折仆高竿。
一日三顾视，无力难相援。
白日吝微温，惨淡悬冰团。
鸟雀怯冬威，缩颈噤无言。
诚恐春风来，哭竹泪空潸。
却梦孤竹君，含笑拍我肩。

二

春日鸣鸧鹒，草木皆返青。
不意催竹地，群笋忽发萌。
一日露尖角，出土如铁钉。
三日已盈尺，蹲地如长瓶。
旬日长比人，柔枝互旁生。
半月形渐备，细叶漫摇风。
转眼一月后，新竹已长成。
凤尾丽晴日，琅玕指青冥。
翩翩青衫影，泠泠紫箫声。
喜看今胜昔，重叙故人情。
乃知生命力，柔弱胜强横。
乃知天地心，仁爱本好生。

2009年7月

答刘章兄

笑口常开一秃翁，
不追时尚不争雄。
新诗纵有三千首，
都是东西南北风。

谢留芳友赠雀舌龙井

清欢几许到诗家，
不酒不烟独嗜茶。
雀舌沏来问何似？
望湖楼上看桃花。

2009 年 7 月

次韵奉和钟家佐先生八十初度之作

交情白首尚如新，
我过八旬君八旬。
初遇天池携共步，
长歌醉石益相亲。

一生桑海成高咏，
满壁龙蛇自有神。
试向秋山抬望眼，
霜红万木美于春。

2009 年 10 月

中秋逸园雅集

海天万里归黄鹤，
银汉中秋转玉盘。
尘世参商嗟少聚，
良宵觞咏劝加餐。
钟声疑梦传萧寺，
花影如潮满逸园。
愿共婵娟长不老，
年年相约醉西山。

2009 年中秋

赠丁芒兄

自古诗人多坎坷，

而今大夜已天明[1]。
自由花发自由曲，
一笑横云唱大江。

2009 年 10 月

题张玉旺诗集

半窗红叶一杯茶，
秋到京郊野老家。
恰是重阳览佳句，
不须把酒看黄花。

2009 年重阳

题　辞

滕君名墨之，循名知其人。
墨为君所爱，墨为君所亲。
墨比芝兰香，墨比美酒醇。
少小事笔翰，壮岁益辛勤。
卓然有所成，温雅而清新。
书册将付梓，为序索拙文。

---

[1]“天明”古音丁芒。

论书非所能，题辞聊奉君。
流俗病浮躁，风絮飘无根。
君能甘寂寞，矢探墨海深。
流俗急功利，未步而先奔。
君能崇传统，六法务追寻。
书艺吾国宝，世界许独尊。
愿君志高远，为霞蔚书林。
万里青天月，一杯碧螺春。

时 2009 年中秋于京门

沁 园 春

伫立天安门广场

六十年前，伫立广场，今朝又来。忆红旗升展，五星耀日，普天昭告，一语惊雷。焰火蒸霞，秧歌溢巷，锣鼓喧天舞忘归。心潮沸，向灯前豪唱，气吐虹霓〔1〕。

华年弹指一挥。纵鬓染繁霜心炽煤〔2〕。念鸿荒拓路，难辞颠踬；冲天起鹤，恣意腾飞。砚海消冰，情天霁月，诗散千花应手开。待来日，将昆仑磨洗，作颂镌碑。

2009 年 9 月

〔1〕60 年前开国大典，我作为一名老师，带领学生列队广场。当时写了一首民歌《红灯颂》，发表于《人民日报》。后曾选入多种选本，并谱成歌曲。

〔2〕郭沫若的《炉中煤》，以炉中煤火喻爱国的至诚热烈。

读书随想二十首

读书最有趣的方法是迅翁所说“随便翻翻”。兴之所至，信马由缰，无取舍之计划，无先后之安排，无固定之时间，无必达之目的，武陵人看桃花，略同此趣。我常用此法。其间，偶然想到与所读书有关的一些事，就笔之于诗，辑得二十首。

虽然只是杂乱的一堆，却便于随便翻翻，有吃杂拌儿之趣。且住，您还是自己尝尝吧。

读《老子》

玉振金声字五千，
分明“德道”是诗篇。
屈平未许成专美，
并峙高峰有老聃。

〔**附记**〕世称《老子》为《道德经》，马王堆出土的《德道经》，五千言，许多章节押韵，多排比句，声调和谐，实为我国最早的散文诗，也是最精深的哲理诗。人们读了几千年，犹有难穷之义，不尽之味。看来春秋战国之际，屈原不是仅有的一位大诗人，他还有一位“大诗哥”。

读《论语》

尊孔声中倡读经，
婴儿澡水要分清。
如何世代崇儒术，
朽木难支大厦倾。

〔**附记**〕鱼我所欲也，然而有刺。因其有刺，并全鱼而弃之，是犯傻；因其美味并刺而食之，是发疯。去其刺而食其肉，岂不美哉！你把儒学比鱼？是的。回头看几千年独崇儒术的历史，足证我言。然而，扬弃其刺，而食其肉，则为适口冲肠之美味矣。

读渊明《闲情赋》

闲情一赋璧微瑕，
俗论喋喋未足夸。
我谓多情出至性，
先生本色朴而华。

〔**附记**〕我最爱《闲情赋》，超过爱《归去来兮辞》，旧论有谓“白璧微瑕，惟在《闲情》一赋”，或以之比附楚骚之美人香草，皆嫌学究气。陶公自然有青年时期，小伙子遇到心上人自然非常动情，写抒发爱情的赋，有何稀奇？这赋写得好，妙趣横生，明白晓畅，大有平民文学的意味。曹子建的《洛神赋》高华朗润，另是一格。

读李白《万愤词》

共道诗仙并酒仙，
烟霞踪迹遍名山。
试将万愤词来读，
九转回肠裂肺肝。

〔**附记**〕读《万愤词》始知，太白内心埋藏着深重的痛苦与激愤，且表达是十分激烈的。这痛苦与杜甫相通，只不过杜直接笔之于诗，李则不然。他将痛苦化为对世俗和权贵的蔑视和对神仙的幻想，他的痛饮狂歌，寻访名山，是一种发泄和解脱。“人生在世不称意，明朝散发弄扁舟”。杜甫最了解李白，将他比屈原：“应共冤魂语，投诗赠汨罗。”

读杜甫《望岳》

珠玉千篇不救贫，
西山白雪洞庭云。
岱宗一览众山小，
《间气》《英灵》无此人。

〔**附记**〕《望岳》总是排在杜集开头，俯视群山，何等气象！

老杜在东鲁时，落笔已气压全唐。“一览众山小”，实为一部杜诗确当的评语。而现存唐人选唐诗很多未选杜诗。老杜自己也说：“百年歌自苦，未见有知音。”但知音总是有的，在本朝即有韩愈、白居易、元稹。元稹为老杜写的墓志，要算对杜诗最早的一篇有分量的评价。

知音难觅，今天还是这样吗？也还是。知音迟早会有吗？也许会。东坡说诗是“致贫之具”。朋友，要耐得住清寒和寂寞。

读东坡《大江东去》

孙曹战垒杳成空，
考古吟诗两不同。
三字风流“人道是”，
千秋豪唱大江东。

〔**附记**〕赤壁鏖兵应在嘉鱼，不在黄州。黄州有赤鼻矶。东坡焉得不知？只是忽发清兴，欲写诗文，便用“人道是”这个聪明的字眼。陆游《入蜀记》道出此中玄机。诗人的心思是相通的，若东坡斤斤于考史，虽会有一堆考证文字，却失去了“大江东去”，岂不可惜！东坡实在可爱，他20多岁考进士，作《刑赏忠厚之至论》这篇文章。文中写道：“当尧之时，皋陶为士，将杀人，皋陶曰杀之三，尧曰宥之三。”主考欧阳修问出自何典，他答道：“想当然耳。”典故竟出自杜撰！才士必为之开颜大笑，老学究会把鼻子气歪了。

读《大唐西域记》

百战神魔一例空，
铁鞋踏破路能通。
原来佛法亦人法，
东土西天忧乐同。

〔**附记**〕《西游记》发挥大胆的想象，《西域记》则记录了当时古天竺国的社会现实。由于当时佛教盛极一时，西域社会生活之基本状况与东土差异不大。佛学是旨在“度一切苦厄”“普度众生”的一门大学问，是为人之学，并非具有超自然、超人力的神奇妙法。释迦摩尼不赞成偶像崇拜，可见一端。所谓“极乐世界”在哪里？在心中。赶紧住口，所知很少，误谬必多。

读《宋词选》

再读无期欲断肠，
背人《词选》入行囊。
堪悲风雨长淮岸，
三载深藏未出箱。

〔**附记**〕我“旧”根未净。1969 年赴干校时，将一本《宋词选》藏于箱底带去。在干校，劳动、批判十分紧张，没有单独活动的时间，且住干校而读宋词，一准会被看成“阶级斗争的新动向”。此书压在箱底，三年未见天日。如今放在我的书架上，书页已黄，每一开阅，感慨万端。那时人在壮年，有书不敢读，此时书可自由地读，而人已垂垂老矣。

读《儒林外史》

剽窃为文吁可悲，
桂冠争得仗偷鸡。
不堪更写儒林史，
多少而今牛布衣。

〔**附记**〕《儒林外史》写诗人牛布衣死，留下诗稿。奸徒某窃去，顶替牛布衣之名招摇撞骗。时下传媒所暴露，今之牛布衣何其多也！少数可清除，“勿使滋蔓，蔓难除也”。酿成一种颓风，则会使斯文扫地。

读纳兰性德“悼亡词”

生死十年泪未干，
松岗明月至今传。
冷清一片埋愁地，
第一多情数纳兰。

〔**附记**〕东坡悼亡词《江城子（十年生死两茫茫）》，至今传诵。及读纳兰的《金缕曲·亡妇忌日》，至“冷清清一片埋愁地”，不觉酸鼻。两大词人均极多情，东坡久历坎坷，多经磨难，且死别已十年，故其词含蓄而深沉。纳兰簪缨贵胄，正当盛年，且妇亡才三年，故其词悲凄而热烈。庄生鼓盆而歌，另是一境，是道境，非诗境。

读龚定庵《西郊落花诗》

壮于潮涌灿于霞，
大笔西郊唱落花。
不使春风红雨乱，
纷纷都在女儿家。

〔**附记**〕落花是历代写不完的诗题，从宋代宋祁的“坠素翻红各自伤”，到明人的“好知青冢骷髅骨，便是红楼掩面人”，以及曹雪芹笔下的《葬花词》，一律愁眉苦脸。定庵《西郊葬花诗》出，一扫千古伤感的眼泪，赋与落花以生气、壮气，以生命的跃动，以欢乐的飞旋。古今罕有其匹。定庵写花往往与众不同，“西厢花影怒于潮”，花影也飞动起来了。

读金和《西施咏》

一花不与众花同，

颇怪金诗有异功。
我爱东施张个性，
鹤长凫短自为容。

〔**附记**〕晚清诗人金和，著有《秋蟪吟馆诗钞》，他的《西施咏》一诗道：“溪草溪花一样春，东施偏让入宫人。自家未必无颜色，错绝当年是效颦。”主张彰显个性。金诗绝少风花雪月，于大处见诗意，多记录事实，深刻揭露清军的极端腐败，讴歌侠骨柔肠的女英雄，可作历史读。其独特的诗风，在清诗中是绝无仅有的。他没有功名，也没做过官，只当过教师和幕僚，可算得布衣诗人。

读《聊斋》

口诛笔伐更皮鞭，
闭户深宵得少安。
一部《聊斋》藏枕底，
梦寻人气鬼狐间。

〔**附记**〕这部《聊斋》现仍放在床头，纸页黄旧，封面碎裂，我补缀之。由于“文革”中那段特殊经历，我更亲密地走进蒲公。历来评《聊斋》的文字很多，我最爱郭老的一副对联：“写鬼写妖高人一等，刺贪刺虐入骨三分。”

读惠特曼《草叶集》

六十二年弹指过，
一卷如新草叶风。
扉页题名记高健，
若能重会两成翁。

〔**附记**〕我学作诗，是讲求格律的，最早读惠特曼的诗约在1946年，是一个选译本，名《大路之歌》。那种自由奔放的风格令我惊奇和着迷。后来我写新诗，与此有关。上大学，读到《草叶集》原本。1947年我考入北大二年级，与辅仁大学学友告别。好友高健送给我一本美国出版的《草叶集》。此书我仍珍藏。高健同学一别60多年，那个戴着近视眼镜、温文尔雅的笑容如在目前。

读卡夫卡《变形记》

难将愚鲁解先生，
反道思之蓦地惊。
且看浑浑尘世里，
几多虫豸变人形。

〔**附记**〕我爱读荒诞的作品，我写寓言诗和杂文也时玩荒诞的把戏。人变甲虫，何其荒诞？是巨大的社会压力使人性变形。反其道而思之，又有多少虫豸变为人形，欺人，害人，吃人？所谓“沐猴而冠”“虎而冠”“衣冠禽兽”，皆其类。传媒报道，有少数巨贪伪装成慈善家、风流儒雅的作家、艺术家，亦其变种也。

读《古今诗范》

京门教隐拜先生，
立雪师门感启蒙。
讲诵音容宛如在，
一编“诗范”益平生。

〔**附记**〕《古今诗范》是陈小溪师赠我的启蒙读本。四卷毛边纸本，木版印。今仍珍藏，纸已黄旧，上面多我少年时笔迹。每一展读，先生讲诵时音容，如在目前。先生是对我影响最大的一位恩师，这书是我受益终生的一部好诗选。北平沦陷时期，一些有骨气的学人、艺术家不与日伪合作，隐身教育界，可算得“教隐”，其中不乏大家，小溪师即其一。惜乎，解放后才见春阳，即已殂谢。此书亦与我俱老。

忆贺孔才《天游集》

高才竟赴汨罗乡，
楚赋吟声尚绕梁。

渺渺“天游”徒在梦，
秋风何处海西堂？

〔**附记**〕1946年我高中毕业，小溪师介绍我从贺孔才先生继续学诗。先生，小溪师挚友，亦“教隐”者。孔才先生赠我一部他的诗集《天游集》，惜于移居中失去。及今思之，形诸梦寐。记得先生在书房中执《离骚》踱步，高声朗吟，声震屋瓦。于诗，他与小溪师相同，推崇豪放，力戒颓唐，这对我影响很大。解放后，先生参加南下工作团，与董老唱和，有“工农今作邦家主，马列真成世界师”之句。后竟蒙冤自沉于北海，数十年后始得昭雪。他在京寓所名“海西草堂”，今当其处高楼林立，觅无迹矣。

读吴伯箫《北极星》

岱岳山头松柏声，
山东汉子骨铮铮。
印章犹记刊“山屋”，
一卷萧条《北极星》。

〔**附记**〕《北极星》才出版，伯箫老友即赠我一本，大约是1974年左右。此书我仍珍存，扉页有伯箫题字，并盖一方印章“山屋”，印色已发黯。这章是我给他刻的。他早年在青岛的寓舍靠山，故名“山屋”。在历次运动中，伯箫老友多次遭批判，他去世后，骨灰撒在泰山。泰山松柏声如大海波涛，是在朗诵伯箫的散文吧！

评京剧《赤壁》

老戏新编日渐多，
一锅一锅又一锅。
冷饭炒来嫌乏味，
炒来热饭味如何？

〔**附记**〕与客同看新编京剧《赤壁》，客喟然叹曰：“炒冷饭！若饭已炒得很热很香，已成为有名的品牌，如扬州炒饭，你再从而炒之，费力能讨好吗？何况佐料的增减，火候的大小，不无可商之处。嘿！‘可怜无补费精神’。”我笑着答道：“是，也不是；不是，也是。”

随想的随想

气张肝胆非关酒，
爱合天人莫若诗。
妙手得之问何似？
泠然列子御风时。

〔**附记**〕金玉满堂，皆身外之物。诗则不然。是内心接受外界刺激的奇妙酿造，是欢歌与血泪的凝结，是身内之物。我爱一切古今中外的好诗，可惜所见甚少，我也爱自己的诗，可惜好的甚少。每当捕捉到自认的佳句，则飘飘然乐不可支，“列子御风而行，泠然善也”。

2009年10月

杜撰曲

黄金龙凤蟹

［开篇］往年曾写金月饼，今年又写金螃蟹。

花样翻新挺好玩，玩中却竟忧思切。

［曲1］任走遍湖海江河，有螃蟹许许多多。论身份至尊至富，有谁像爱妻和我？一个是明晃晃金冠，一个是颤巍巍金簪，一个是赭黄袍金鳞金爪九龙蟠，一个是金丝绣定彩凤翩。一个是八条长裤管金光闪闪，一个是八只金舞鞋仄仄鞋尖。一个举两个紫金锤，一个舞两柄描金扇。咱早离开港汊河湾，新房是金门窗、金床帐、金枕簟。

［曲2］快莫提那茫茫一叶泛湖船，四面青山，明月中天，摆上老酒一瓶，茴香豆一盘。两个老头子絮絮叨叨地念。道是要把酒持螯正好作诗篇。呸！谁情愿往丐帮里钻！快莫提那大观园里的螃蟹宴。凤姐端着酒盅，耍尖；宝玉剥着螃蟹壳，解馋；黛玉摇着笔杆，犯酸。让咱陪一身膏脂不挣一文钱。市场经济啦，无酬，免谈。

［曲3］不过是应节礼品，小事一端，不过是看望朋

友，理所当然。不违纪，不犯法，不算行贿不算贪。金螃蟹大模大样坐在柜台前，店老板笑容满面，走来了看货人衣履光鲜。悄不声地成交；悄不声地付款九万九千九百九十九元钱；悄不声地提货，钻进汽车一溜烟。公平交易，一切正常，平平淡淡。

［曲4］可是啊！金螃蟹迈进高门槛，走进大宅院，打开黄绸包，摆上檀木案。老爷满心喜欢，太太眯着笑眼。老爷用指头敲，太太用舌尖舔。嘀，金螃蟹如同着了魔法，变，变，变。霎时间放出五色光环，法力无边。想中标的稳操胜券，要地产的，任你去点，要升官的平步登天。当然，按质论价。金螃蟹只是一些儿甜点，只开胃口不解馋。

［余韵］万万千千，千千万万，千万别当宝贝留传。金螃蟹是一块耻辱牌，让后人观看，实在丢脸。

2009年11月

大雪二首

一

一番清气到诗家，
为觅新词细品茶。
绝似春光三月暮，
满城飞雪满城花。

二

花猫慵懒睡方酣，
黄犬欢腾跳欲颠。
我皱眉头押险韵，
不知谁是雪中仙？

答沈鹏兄

辞杯减我五分豪，
懒困吟怀不起潮。
赖有良朋寄诗简，
醉人清韵似花雕。

2009年11月

自嘲，答伯农先生

懒将萤雪映书编，
治学无成付乱弹。
腹笥几件如相问，
一个街头杂货摊。

2009年11月

【附】

读新作二十首呈刘征老

郑伯农

探幽索隐指迷踪，
火眼金睛一智翁。
莫道人生难再少，
晚霞映日满天红。

伯农作于己丑初冬

和树喜友“悯牛”诗

一

百日晴风大旱年，
春牛误被打三鞭。
扬鞭须向云头打，
司雨龙爷正醉眠。

二

奋蹄耕作不须鞭，
五谷丰登苦也甜。

但看古今拓荒者，
无端虎尾总相缠〔1〕。

树喜同志一笑
老梅拜草
2009年雨水后二日雪朝

〔1〕虎尾，鞭名。

2010 年

兰花咏叹调 并序

某处盛产兰花，香飘世界。于电视上看到。兰花品种繁多，各呈异姿，清高淡雅的风姿令人陶醉。花间有一种昆虫，名兰花螳螂。那颜色，那姿态，远看近看，都宛如兰花。可是有蝴蝶之类的飞虫经过，螳螂忽露狰狞，出大钳捉捕，飞虫立即成为螳螂的一餐美食。如此伪装，如此狡诈，颇叹原来昆虫界也如人世一般险恶，偌大的地球，竟无一寸安全的地带。

然而，让我喟叹的是，人间竟有一位兰花市长，堪称是那螳螂的哥们儿。从传媒得知此事，久想笔之于文以邀共赏。然而老而善忘。那市的名字，以及许多细节都忘记了，无关紧要。只说个大概，已足令读者瞠目而捧腹了。

这位市长标榜洁身自好，不收任何礼品，送礼者均遭严拒。而此公乃雅人一族，独癖兰花，有送兰花者，即使名贵品种身价以万计也笑纳不误。入其室，兰花兰叶，光风飘转，幽香四溢，真乃神仙洞府，一尘不染。此公起居其中，非天仙亦地仙也。

而无人知晓，此公却是一个“兰花螳螂”。他于后门将兰花运出、转卖所获颇丰。谓受贿乎，似非也；谓非受贿乎，又似非也。纪检自有处置。于老汉，则得一颇好的诗材，仿骚体，作咏叹调。

彼贪鄙之墨吏兮掩秽垢以芝兰。兰以孤高之丽质兮蒙不白之奇冤，洒坠露之清泪兮跪申诉而呼天。早已怒不可遏兮有爱芳草之屈原，倾汨罗之碧波兮滋九畹之新妍。善画兰之老郑兮亦瞪眼而吹髯，令手中之湘管兮化为痛挞腐恶之长鞭。老汉独坐而沉思兮自默默而无言，忽引吭而悲歌兮若雷鸣而浪翻。驾宝马以风驰兮览光怪之大千，察大伪之百幻兮岂独一小吏而然。著论文而剽窃兮顶尊显之学衔。藏铜臭以书香兮沽美名于文坛。实官仓之硕鼠兮常行善而献捐。引鸡犬纷纷而升天兮自作一尘不染之神仙。凡此不可胜计兮有诡秘而难宣。旋词穷而笔倦兮置杰作于未完，袭羽绒之轻暖兮对雪窗而微鼾。梦银河之倒泻兮落滚滚之飞澜，涤荡一切污秽兮洗湛湛之青天。

2010年开笔大吉

题春节牡丹

牡丹先季候，
春节盛开花。
愉老知几意，
移盆到我家。
隔窗看残雪，
入座醉芳华。
预卜韶光好，
西湖拟问茶〔1〕。

2011年2月，春节

〔1〕春天曾到杭州看茶花，品龙井。今春又有南行之想。

元宵无月，戏为四章

一

元宵无明月，雨雪纷纷降。
诗中自有月，何必云端望。
借问诗中月，果是何模样？
嫦娥若见之，必悔飞天上。
奈何诗也无，大笑俯而仰。
天上及诗中，两者皆空相。

二

元宵无明月，珍馐乏滋味；
元宵无明月，饮酒如饮水；
元宵无明月，灯火黯然晦；
元宵无明月，爆竹声不脆；
元宵无明月，黄昏难幽会；
元宵无明月，举杯只独醉；
元宵无明月，枯坐觉得累；
欲向梦中寻，思月难入睡。

三

雪是月之衣，周裹众生暖。
雪是月之袖，万象随风卷；
雪是月之歌，无声却幽咽；
雪是月之叹，深长而凄婉；
雪是月之魂，散作万花片；
雪是月之梦，大地乃其恋。
君知幻非真，焉知真即幻；
元宵无明月，有雪斯无憾。

四

天明推窗看，哎呦好大雪。
天苍苍而暗，地茫茫而白。
鸟雀噤无声，草木尽埋没。
哪知是早春，严冬骇回辙。
天公为儿戏，翻手错温热。
诗人爱其美，逍遥不惊愕。
悠悠品茶香，细细调平仄。
忽如一夜来，万树春风作。
不当她是雪，当她花也可。

2010 年 2 月

金缕曲 并序

王君世堪，曾任广西教育学院院长。侠骨热肠，笃于郊游。数十年致力于语文教育研究，造诣甚深。时有创见，令人耳目一新。与余持论相契。来往不多而心中常有，君子之交淡如水而醇于酒也。去年春，君许诺赠我手杖。及冬君竟溘然辞世，教坛同悲。病危之际，君嘱家人必以杖致我，以践前诺。今年春，君之公子飞峙，送杖来。杖有二，一龙头杖，一德国造登山杖，均极精佳。呜呼，王君！欲说声谢，而君不闻矣，此情此谊，又岂是一个谢字了得！

千里传一杖。问何曾，高山流水，于今绝响。永诀长离生死际，一诺千金不忘。犹念我步多踉跄。世路崎岖人老矣，陟蛇龙虎豹需依傍〔1〕。杖在手，泪盈眶。 柳风花影西湖上。向杯边，说文谈语，气豪神旺〔2〕。联步高歌曾有约，北海银滩碧浪。竟渺渺孤云浩荡。筇竹无声泣风雨，有袈裟谐句谁同赏〔3〕？歌金缕，默惆怅。

2010年3月

〔1〕用东坡语。

〔2〕多次与君纵谈语文教育，西湖笔会上听君高论，印象深刻。

〔3〕我与老伴游常州之天宁寺，诗中有“老妻不许买袈裟”之句。君激赏，每谈及之则相与大笑。

苦　竹　篇

去冬度岁寒，曾悯新栽竹。
且喜春风来，新笋忽破土。
夏日小窗前，青青万叶舞。
今冬寒特甚，百年实罕遇。
连月大风雪，天地成冰窟。
庭竹方复生，所遭一何酷。
催叶如快剪，伐柯如利斧。
毁若遭丙丁，惨若逢狼虎。
座中声凄厉，如听寒女诉。
枕上声呜咽，如听湘灵哭。
我欲罪真宰，理事何无目。
恶木皆安然，弱质罹荼毒。
晴日步中庭，来吊苦竹墓。
坟墓在何方，瞿然大惊怵。
万竿森森立，无一曾倒伏。
竹叶俱在枝，无一堕而腐。
通体变金黄，绝似黄金铸。
仿佛诸勇士，临战待擂鼓。
伟哉强者魂，虽死仍英武。
俯首礼春神，默为新绿祝。

2010年3月

词二首

声声慢　并序

杭州有一位女教师，每逢阴雨必到校门执伞接送学生。默默无言，许多年如一日。此事闻于广播，惜姓名失记。但不留姓名定正是老师所愿。

潇潇洒洒，密密濛濛，点点淅淅沥沥。天晓雨斜风紧，泥泞满地。一路跌跌撞撞，步匆匆上学情急。孩子们，莫慌忙，老师张伞接你。　多少年如一日。却已是，两鬓霜丝繁密。一伞相随，最解先生情意。道一声“老师您早”，跑过来相偎伞底。伞得见：她笑了，孩子般欣喜。

一剪梅　并序

荆州市长江大学的三名学生勇救溺水儿童，不幸遇难。义薄云天，万众敬仰。闻出事地点宝塔湾是高危地段，时有溺水者，竟然有船只专事打捞。此地又风景美丽，市民常来游憩。颇怪当局，为何不加彻底治理，化险为夷，兴利除弊，只树一块警示牌了事！

救溺投波去不归，欲责江妃，竟纵风雷。青春泰岱峙巍巍，万众心碑，浩气长垂。　　民之所困政之急。化险为夷，未必难为。和谐休向口头吹，彼君子兮，不素餐兮。

2010 年 2 月

晓川兄序《蓟轩词注》，诗以为谢

征也书生耳，
生涯问若何?
泥涂甘曳尾，
忧乐付狂歌。
芥子孰云小，
一瓢亦已多。
知君解鱼乐，
不忘在江河。

2010 年 5 月

喜枯竹复活

曾为枯竹诔，
新绿喜重生。
绝处存危命，
苍天果有情。
傍根新笋紫，

抱节嫩枝青。
明日窗前月，
萧萧列画屏。

2010 年 5 月

杜　门

檐雀噪清晨，
幽居自杜门。
清风来小蝶，
大宇度行云。
陈酿如佳句，
新茶似故人。
好花依座侧，
无语自相亲。

2010 年 5 月

折　骨

月余违翰墨，
亦复废吟哦。
折骨缘一蹶，
良医惠我多。

益增钢作骨[1]，
敢以笔为戈。
不负青山约，
秋风问若何？

2010 年 7 月

病房速写六首

手　术

但闻刀锯响，
疼痛问何有？
无情最有情，
伟哉回天手。

蝴　蝶　兰

儿送蝴蝶兰，
开花只一朵。
来慰老父心，
时时笑向我。

〔1〕骨折处加一钢片，不再取出。

老　伴

白发颤巍巍，
步步紧相随。
说话面带笑，
背面泪偷垂。

儿　女

儿女最操心，
奔东又奔西。
仿佛都变小，
如同绕膝时。

老　友

老友劳关切，
百辞还是来。
伤痛全忘却，
谈笑最开怀。

作　诗

病中百虑思，
卧床作小诗。
窗外青天上，
白云三两丝。

南　歌　子

贺沈鹏老友八十华诞

茧纸秋云净，鹅池春水宽。高情一脉艺同源。漫将诗书融汇诉悲欢。　　天许乔松寿，心情楚泽兰。如龙健笔老尤酣，待写复兴新颂刻名山。

2010 年 8 月

时事吟四首

文　蛀

报载有的贪官以诗人、作家、书法家的外衣作伪饰。

方山博带掩无良[1]，
溷浊横侵九畹芳。
孔氏有知必鸣鼓，
迅翁如在定投枪。
由来嘉树多虫蚁，
妄道人间有乐乡。
欲挽银河天上水，
洪涛万丈洗文场。

小吏大贪

长安甲第望连云，
土灶绳床惜尚存。
血点泪痕升斗积，
钩爪锯牙虎狼吞。
夙闻鼓浪皆蛟鳄，
不谓兴波有寸鳞。
君看三年小科长，
腰缠十万雪花银。

〔1〕方山，指儒冠，东坡有《方山子传》。

天上人间

琼楼缥缈在人间，
地上全无高处寒。
百媚回眸来玉女，
千金斗酒醉神仙。
震霆雨后鸣还歇，
恶木根深剪复繁。
雄虺侧闻生九首，
死灰须戒火重燃。

函思

万马兼程不解鞍，
冰溶雪霁竞春妍。
莽原真见金山起，
花径横生恶草繁。
硕鼠坐肥行化虎，
昏鸦张翅欲遮天。
恢恢法网成何用？
难道银枪镴作尖。

2010 年 7—8 月

辞“大师”二首 并序

自称是国际文化组织某协会及某联合会，自定全球一百名艺术传承大师，在下名列其中，不过取得此高级吓人的“光荣称号”须交各种款项近千元。在下虽已高龄，却是个学徒，“大师”的光环，万万不敢接受，恳辞。

一

高调声声卖“大师”，
小徒再拜敢云辞！
无如钞票难割舍，
留向“九门”〔1〕喝豆汁。

二

头衔一个售千元，
未识行情太可怜。
请向街头问时价，
“大师”不值一文钱。

2010年6月

〔1〕九门，都下著名小吃店。

写于八月十五日

呼天我欲罪天公，
泥石横流兼溃洪。
人命两千埋暗狱，
雷霆十万吼白龙。
民族益健移山骨，
举国高扬大爱风。
他日定偿姚倩愿〔1〕，
花香鸟语曙光红。

2010年8月

南歌子 并序

报载在废墟上，一位失去全家人的父亲，在为挖出来的八岁女儿遗体梳理发辫。

八岁如花女，爹娘掌上珠。魂归不及将爹呼。倾倒一江清泪洗泥污。　　辫发乌云乱，阿爹为你梳。伶仃瘦影远行孤。理得丝丝权当手相扶。

2010年8月

〔1〕从广播得知，一位被压埋的学生姚倩，写日记道："我希望见到阳光，希望感到鸟语花香……"

大字草书歌

砚山耸峙墨海翻，净皮逾丈铺云烟。
大字一气相钩连，非素师亦非张颠。
或嗤以鼻或骇然，拍手大笑霜红龛〔1〕。
先生挥笔如挥鞭，天马蹴踏无羁拦。
崩崖坠石当空悬，摇风一线枯藤缠。
香炉飞瀑尺三千，蜀道行曲云中盘。
操蛇之神移百山，仙娥舞带回周天。
先生运笔如游仙，挥斥八极呼吸间。
人生苦多难一乐，得失纷纷自枷锁。
铿然掷笔天地阔，仿佛置身千花万花间，
潮飞浪卷风花簸。

2010年8月

五 小 吟

小 鸟

抟云九万遣人惊，

〔1〕指傅山，他的大字草书，出神入化。

举世纷纷赞大鹏。
不有檐头居燕雀，
欢歌若个晓呼晴。

小　溪

海天蜃气望中疑，
叹逝临川孔氏悲。
引得惊鸿来照影，
清清只有浣沙溪。

小　草

不住金盆匹蕙兰，
不同大树竞参天。
花开里巷寻常地，
绿染人间十万山。

小　人　物

名姓从不著史家，
微如虫蚁众如沙。

君知千古人间世，
擎起天空都是他。

小　饮

百篇斗酒谪仙豪，
钜野倾河陆子骄[1]。
若写相思裁锦句，
还须小盏品花雕。

2010 年 6 月

寄承德关阔老友

三年渺渺隔音容，
我在伤中君病中。
谁拟烟波能致爽，
频搔白发向西风。

2010 年 8 月 4 日

〔1〕陆游说他饮酒“如钜野受黄河倾”。

浪　淘　沙

怀　旧

破晓响晴天，远望西山。碧琉璃下一眉蓝。又是凉风天末起，几易温寒！　犹记翠湖边，丝雨如烟。长松滴绿染吟笺，只有山容终不改，相对无言。

2010 年 9 月

沁　园　春

“嫦娥”奔月

今日嫦娥，飒爽新装，万种风情。别人间奔去，务须灵药；飞升电驶，如意“长征”。拂袖银河，入怀明月，咫尺长天脚底青。回眸笑，有祥云一点，知是神京。

茫茫古月无凭。信手创仙乡梦不能，定琼楼缥缈，周游天宇；飞船上下，信步闲庭。太白飞来，东坡偕至，痛饮狂歌月上行。祝来日，仰一轮云外，万古如冰。

2010 年 10 月

浪 淘 沙

海滨远眺

碣石访前踪，又是秋风。偶然留迹驻飞鸿。发似飞霜情似火，一个诗翁。　　望断夕阳红，天地朦胧。般般物像铸青铜。白浪掀天忽跃起，十万蛟龙。

2010 年 10 月，于北戴河

海滨杂感三首

偶　　感

涛声还是旧涛声，
不改青山旧日青。
只有海云千万幻，
淋漓醉墨写人生。

咏　　古

鞍马文章气象殊，

长天大海入宏图。
我来欲向沙头觅，
可有曹家坠简无？

蝶　　趣

粼粼远海逗晴光，
四面松风入座香。
一蝶飞来缘底事，
翩翩飞去过邻墙。

2010年10月，于北戴河

咏物二首

古　鼎

青铜古鼎万黄金，
共赞恢宏祖德尊。
一事惊魂谁复问，
王庭以此醢诤臣。

古银杏黄叶

如潮游客看红叶，
寂寞禅堂一树金。
千尺辉煌立天地，
于无人处自凌云。

2010年11月

悯竹 并序

绕舍竹林，经严寒今春复活，而元气已伤。眼下又临严寒，默默为之祝福。

群芳皆冻死，
绿竹问何堪？
才历死生劫，
又临风雪关。
无能嘲我老，
前路悯君难。
默祝春来日，
平安似去年。

2010年11月

相见欢 并序

坐快餐店早餐，思饮咖啡，呼服务员，未到来。忽然跑来一位小姑娘，着一身红色羽绒服，看样子是小学生。“爷爷，我来帮助您。”替我买来咖啡，匆匆走了。我非常感动。

飞来如蝶翩翩，奶声甜。细细咖啡香气暖心田。
方稚小，即已解，急人难。认取匆匆背影火红衫。

2010年12月

看《金婚风雨情》

窗撼惊风入夜寒，
荧屏旧事惨重看。
当时忍死哭无泪，
白发凄凉作笑谈。

2010年12月

赠一民老友 并序

中秋，应一民君之约，赴野趣园午宴。是夜，月光皎洁，独坐蓟轩，悄然有怀。

雅集当清昼，
月明惜却分。
高龄欢聚少，
抱病故人亲。
缥缈飞天梦，
骁腾伏枥心。
衔杯未幽独，
共仰一冰轮。

2010 年中秋

题《卢甲举文集》

破浪乘风胆一身，
成功喜属铁肩人。
经营未倦研文史，
拼搏偏能伴壮吟。
拔地已成参汉树，
开花不改向阳心。
行行字字问何似？
骏马奔腾时代音。

2010 年 12 月

香山红叶行

中年借榻香山住，百卷编修供庠序。
春风彩蝶乱山花，长昼鸣蝉森夏木。
最是高秋霜叶红，倾城赏叶车如龙。
偕步缓歌来仕女，凌云豪唱笑元戎〔1〕。
西风未紧凉未透，爽气已自改山容。
青红黄绿灿如锦，剪裁交错烦神工。
岩壑草枯渐秋肃，寒霜愈重红愈浓。
二月烟花无颜色，万山摇动珊瑚风。
香炉高峙白云上〔2〕，蒸腾赤焰烧天宫。
我居山中喜得便，朝夕能与红叶伴。
开户分明小杜诗，临窗细点流红传。
偷闲寻觅遍山行，佳丽三千求其冠。
纸板封护密包藏，丽质常新期一验。
揖别鱼鸟辞山居，尘世扰扰行崎岖。
故交零散几存殁，抚今追昔一长吁。
偶然开箧见红叶，如逢老友何欢愉。
飞鸿留迹三十载，殷红犹似采摘初。
人间乐事嗟难久，绝代风华化乌有。

〔1〕指陈毅同志。
〔2〕香炉峰，俗称“鬼见愁”。

君看千载惜花人，有泪倾河难束手。
心之所欲乃得遂，定知天意怜诗叟。
又是香山红叶秋，如云游客山中走。
闭门我写红叶诗，天地悠悠一壶酒。

2010 年重阳

〔**附记**〕我居香山参加中小学教材编写会议年余，是在 20 世纪 70 年代末。适当霜红，采极品三五片，以纸板夹藏，重重包裹，希望能延长红叶的艳丽，还题了一首红叶词。三十多年过去了，取而看之，居然红色不褪，只是略显深沉。不见阳光，不受风吹，很少温度的变化，也许是收藏红叶之妙法。

口　占

结盟军演几时休，
山雨欲来风满楼。
严夜迢迢望星汉，
令人长忆枣园秋。

2010 年 12 月 11 日

题黄君草书兰亭

山阴真迹闷昭陵，

真伪纷争见未曾。
我爱黄君辟新径，
独将晋草写兰亭。

随感三首

闻雷十一月七日

天公赫怒奈何人？
力战寰球大疫侵。
万里冰天飞霰雪，
一声霹雳唤阳春。

闻钱学森先生逝世，有感

大款腰金缠亿万，
明星琐事涨传媒。
巍巍万丈擎天柱，
“三父”高勋知音谁？

西　　邻

地上仙居谁氏家，

四围铁网护豪奢。
华灯饰幔流行乐，
玉砌雕栏富贵花。
路畔槐荫停宝马，
楼头娇女戏京巴。
门深似海难相问，
过客不言怒相加。

2011 年

十砚诗记

咏砚必此砚，
定知非砚人。
一砚一故事，
咏砚当谈心。

双荔砚

蛇神牛鬼闹纷纷，
破旧焉能赦紫云。
啼笑皆非今尚记，
砚雕双荔伴高跟。

清代端砚，石质温润如玉，做工高雅、简洁。紫檀盒，砚背浮雕荔枝两颗，掩映叶间，精巧逼真。此砚 20 世纪 60 年代初，由中行先生代购，是我所藏砚的第一方。甚爱之。“文革”爆发，妻小李和我同被揪出，凄苦殊甚。一次“反修”展览上，此砚与小李的一双高跟鞋相并出现在展台上，令人啼笑皆非。后来，砚台还给我，砚堂多了一道划痕，我以牙膏磨去之。如今放在书柜里，因其记录着一段特殊经历，益加宝爱。每一开玩，别有一番滋味。正是：成今日之笑谈，涵昨日之苦泪。

卧 牛 砚

一生血汗耕荒野，
老卜幽栖卧砚池。
无意飞升向星汉，
陶然听我夜吟诗。

歙砚，椭圆，一端深凹，作墨池。池周蕉叶披覆，池中卧牛，全身没水中，水面仅露头角，仰鼻向天，似沉思，似谛听，栩栩如生。砚堂一色青黑，似夜空，金星点点，似银河倒映水中。余为铭刻于砚背："坚而朴，温而武，助于笔耕耕广土。吾谁与归迅翁鲁。"

牛配砚，古今罕见，我独得之。赏砚，想到牧童牛背的诗情画意，想到"迢迢牵牛星，皎皎河汉女"的美丽传说，自然也想到迅翁"俯首甘为孺子牛"的名句。

河 清 砚

千淘难尽泥沙在，
老盼黄河彻底清。
欲以长歌鞭万马，
砚池滚滚夜涛声。

歙石大砚，约呈圆形。通体充满金晕，金星漫散其间。砚堂周围刻波涛纹，金涛澎湃，中间呈回环波纹，如港湾。予得之大喜，曰“此黄河也”，命名曰“河清砚”。以玻璃罩护之，备展观，惜书室狭小，只能置之屋角。曾为开封翰院碑林书碑，作黄河铭，其文曰：“伟哉黄河，民族之魂。寒通溟渤，轫始昆仑。疏凿有禹，禨祼斯民。摧颓跽折，愤抗跃伸。岂因暂蹶，而屯骥奔。大年无老，历劫常新。风樯电驰，草树扬纷。雷惊九域，浪涌千春。矫矫飞龙，跻月乘云。”

红 丝 砚

绛红深紫胜朱砂，
一半夕阳一半霞。
应是武陵溪口石，
千重万叠尽桃花。

两方青州红丝石砚，红色华丽而沉着，有紫色丝状纹，间有小巧绿色石眼。据说唐代已有之，后绝迹，今复开发出来。予始见，大惊诧，石中竟有此尤物！遂置数方。予谓端歙为砚中之英俊，红丝实砚中西子也。我只珍藏，不以之磨墨。而一方砚堂有自然之墨渍，为美人痣，更加动人。

红 青 砚

八旬得砚歙之精，
庙前极品兼红青。
天以琼琚寿诗翁，

何以报之垂老之心声，
除一切苦无无明。

旧砚谱谓歙石有庙前青一品，为歙之冠。而早已绝迹，且无可考。近时砚商“开发”出多种“庙前青”，皆普通青石也。偶见一品，石分两层，一青一紫。售者曰，此庙前青兼庙前红也。予笑之。但余所求者是佳砚，非关庙前庙后。捧而观，色彩高雅，质温润如玉。以之磨墨，竟不亚于大西洞。遂得之。命工刻制。青一面作砚堂，浮雕几根竹竿和数片竹叶。叶深青色一端相溶，便如青蒙蒙无数竹叶。红一面作砚背，制铭刻之。前诗即予所制铭也。

徐公砚

徐公大砚破天惊，
笔落崩云字有声。
赠砚情深问谁子？
岱宗之石海天鹏。

徐公砚，产山东。我有两方，皆庞然而大。一粗犷，现夏圭斧劈皴纹，如五岳之坠石，乃中石先生赠。一婉约，浮雕仿汉石刻画，如数千年前物，乃沈鹏先生赠。我珍此砚更重友情。

易水砚

易水萧萧长逝去，
墨池犹见玉龙骧。

忍看手泽新如昨，
“石砚一方诗万行”。

2000 年举办我的从事教育和文学活动研讨会，新老朋友与会者很多。臧克家同志写了一封贺信，还赠我一方制作极精的易水砚。匆匆十年过去了，臧老辞世也已七年了。开匣重看那砚上浮雕的五条龙还在飞动。砚下边放着一张红色纸笺，上面写着“石砚一方诗万行”，字俊逸而遒劲，分明是臧老手迹，墨色如新。

燕子石砚

不复春风歌浩荡，
屋梁月落梦依稀。
墨香助我常不散，
笔底翩翩一燕飞。

石砚造形玲珑有致。砚池之外皆粗砺，如洪荒天地。砚右有一突起，作燕形，双翅翻飞，如于风暴中奋击。据云，是一种古生物化石。予有燕子石砚数方，独视此砚为珍宝。此砚是那次研讨会时老友程光锐所赠，并以红笺手书：“墨香助吟诗。”今光锐已高龄，臧老又仙逝，“三友”者，只我一人尚常吟咏。大化推移，本乎自然，而故人之情，能不叹悼！苏诗曰：“也知不作坚牢玉，无奈争看顷刻花。”大有禅意。只有诗能不老不死，诗与人类同在。

吹 箫 砚

水碧天青秋月高，

依稀幽韵墨魂娇。
奈何鄙字粗豪甚，
颇似铙歌不似箫。

砚为老友侯逸民先生所赠，石色青紫，一角悬银色弦月。砚堂平宽，赤银色，如朦胧烟水。一侧为竹石露小楼一角。水边石上坐一少女，背面横箫，仿佛若有声。好一幅美丽的天然图画，令人惊叹！是石境，非人境；亦非石境，实仙境；亦非仙境，实翰墨之精魂也。

老街买砚

众美兼求欲尽歙，
狂来买砚未嫌多。
归途莫虑拿不动，
千里迢迢拉一车。

约二十年前，我藏砚兴致正高。同老伴有机缘到黄山老街的三百砚斋，店主人周君，文士也。去了多次，购得一批佳砚，如眉纹，浪纹，金星，金晕等。眉纹砚质最佳，雕几枝竹叶，一轮满月。几方砚均较大，很重，难以提携。我们想出好办法，买得一个拉行李小车运载，十分轻快。拉着砚车及行李，从黄山经常州返京。不止千里也。后来到肇庆买砚，同这一次相仿，事见《蓟轩藏砚记》。

〔**附记**〕我曾写《蓟轩藏砚记》，内列多种："世纪砚""中兴砚""冰雪砚""双珍砚""双荔砚"。又喜得"三叶虫砚"及"寒武砚”，以上七砚皆蓟轩藏砚之宝。为免重复，此次咏砚除“双荔砚”外，皆未列入。“双荔砚”实我藏砚之始，又见证我一段苦厄，故复咏之。我藏砚，不重新旧，不重名家款识，只重艺术品位和生活情趣。如果也算“收藏”，只好称“另类”。

2011 年 2 月 24 日

诗文配五首

题孔子塑像

儒家道统掌门人，
历代君王护法神。
五四潮头曾打倒，
天安门外又逢君。

报载，天安门广场东侧，国家博物馆门前，树立了孔子的塑像。小子尚未趋前拜谒圣颜。古代没有照相术，也没有高超的画像大师，但塑像是否是孔子的真容，是个不解的谜。好在说是无据，说不是也无据，就算是吧。

《论语》反映的孔氏思想体系，维护王权统治是其主干，一些积极的因素是其枝叶。不错，夫子有可爱之处。我爱的是，在课内，启发学生自由发言“各言尔志”；在课外，与二三子穿上春装，在沂水中沐浴吹风，而且唱着诗歌回家的孔老师。

“精神病院”

实为牢狱伪医疗，
万剐灵魂无影刀。
魔掌何如官手大，
遮天盖地任逍遥。

报载，某市局一干部，因揭发局长贪腐，百折不挠，被关进“精神病院”，一关就是14年。期间曾有调查组调查，曾经医院“诊断”，都受到威压和控制；家人指告，也遭到封锁。上级皆聋哑，百姓的嘴被贴封条，14年之久啊！一个地方局长竟有如此广大的神通！

当代衙内

“我的爸爸叫李刚”，
雷人一喊引悲凉。
千年已朽“高衙内”，
竟得还魂作虎狼。

报载，某市公安局长李刚之子驾车在校园内闯祸，死伤人命。李某对围上来的群众大喊：“我是李刚的儿子！”此事自有公论，处置自有法律。令人深思的是：恶草之生必有合适的土壤。《水浒》中描写的万人唾骂的高衙内，其人与骨皆已朽矣。今朝为什么又复生?!

给狗下跪

为偿狗命虐人权，
惊见公民作霸天。
猛忆当年白犬墓，
欲哭无泪觉心寒。

报载，某小区两青年驾车轧死一只狗，狗主人令其赔款或给狗下跪。两青年无钱，只好向狗尸下跪一小时。想起抗日期间盛传的一个小故事，某村一青年为了自卫，打死财主家的一条白狗，财主家强迫该青年如孝子一般给白狗送葬。抚今追昔，感到心痛心寒，久久难以平静。

问

捉来硕鼠大如牛，
如象如狮讶未休。
纵使群情拍手快，
孽根难断问何由。

问何由？问何由？小老儿智慧有限，但知道此问题老大老大，留待达人破解。

2011年2月

群狮猎牛歌

草原万角奔群牛，黄尘涨天滚洪流。
一牛掉队急追赶，孤危不敢稍停留。
群狮窥伺伏荒草，神不知兮鬼不觉。
暗中开眼放凶光，三尺腥涎垂嘴角。
一狮疾走诡无声，横断前路阻牛行。
牛急转身拟向后，一狮追来如旋风。
狮扑牛身抱牛股，利爪入肉血如注。
犹如鬼魅附牛身，百般踢跳甩不去。
牛顾左右拟旁奔，左右两狮扑牛身。
咬定牛喉不松口，犹如铁锁锁肺门。
牛头仍昂腿不跪，眼喷怒火不流泪。
轰然倾倒如颓山，伤口满身血满地。
百虫悲歌呼苍天，百灵俯首噤无言。
群狮自奏欢乐颂，掀唇吐舌赴盛筵。
转眼牛尸被撕碎，皮开肉裂出肝肺。
老者伸爪掏牛心，强者贪肥嚼牛腿。
群狮饱腹卧林荫，频频回味犹舐唇。
或卧暖沙寻美梦，或默祈祷诵经文。
鬣狗群来厉声叫，云端飞下秃鹫跳。
骨间残肉已无多，你争我抢哄哄闹。
浇愁不厌千杯多，停杯听我群狮猎牛歌。

坐行八百览千河，世代更替悠悠过。
文明大厦云天摩，惜哉强食弱肉不殊科。
爪牙森森日夜磨，屠场白骨堆嵯峨。
神悲圣叹可奈何！
狮兮狮兮尔辈畜生比人远不及，
不将面奶肤霜口红睫膏粉白黛绿如是种种脸上抹，
伪饰鬼面成仙娥。

〔**补遗**〕君酒未尽醉意熏，我歌未阕有强音。牛兮牛兮见狮何必慌张乱方寸，彼此不顾只顾奔。何不围成一圈如同铁桶头向外，四足如石地生根。千牛万牛成一牛，力大超过操蛇神。无数大角，如剑如刀如枪如戟指狮群。弱者变强强变弱，不图食肉图生存。

2011 年 3 月

春 雪

东君不耐长萧索，
造化真为艺术家。
剪碎白云揉碎月，
漫天无量数飞花。

2011 年 3 月

赠 庭 竹

移来绿竹自江南，

弱质难当北地寒。
生死三年战风雪，
扶疏万叶拂云天。
孤怀早识由夷介，
瘦骨今知铁石坚。
有友如君一已足，
文窗相对两陶然。

2011年3月

送诸友江南采风

乍见鹅黄庭柳梢，
消寒春意渐妖娆。
江南想渐花如锦，
河上应能始放篙。
电视屏中看芳草，
午休梦里踏青郊。
游观千里羡诸友，
谢氏风流侠客豪。

2011年3月

刘是为致桃枝，含苞待放

春光紧被暖风催，
小白轻红次第开。
不必名园访桃李，
一枝佳丽乞诗来。

2011年3月

贺新郎 并序

读欣淼先生《贺新郎·明中都故皇城》，百感交集，亦制《贺新郎》奉和。

三载黄泥驿〔1〕。悚长淮，横流决荡，辛酸劳役。筑室荒原聊栖止，十里长车运甓。初未识，“高墙”毁弃。断瓦颓垣谁顾惜，正汹汹，举国批“牛鬼”。思往事，长太息。　　故城日暖花如绮。入先生中都访古，春风词笔。天地悠悠今古异，无限小岗生气。喜风雅，云兴潮起。尘世难逢开口笑，树椒兰，风雨甘蓑笠。浮大白，共君醉。

2011年3月

〔1〕在凤阳县，我住干校三年，我连队在黄泥铺。铺，明代驿站之谓。

老友沈鹏来访，喜赋

雀喧晴晓知迎客，
茶泼乌龙恰洗杯。
一径春风扫残雪，
最难佳节故人来。

2011年春节

【附】

沈 鹏 和 诗

真人已炼钢筋骨，
君子之交淡水杯。
不羡皇陵名胜地〔1〕，
苏辛遗韵问从来。

〔1〕刘征寓舍近明十三陵。

采 桑 子

遣　兴

梦飞爱揽青天月。诗爱青莲，字爱张颠，文爱南华蝶梦篇。　　醉心比兴不知老。半是人间，半是游仙，半是消愁半是玩。

2011年3月

读《影珠书屋吟稿》赠晓川诗兄二首

一

江船载酒记偕游，
秋月春兰屡唱酬。
才士学人能并美，
清声知在影珠楼。

二

文章鞍马自风流，
转益多师众妙收。

会得入情兼尽象，
神驰八表事冥搜。

2011 年 3 月

浣　溪　沙

遣　兴

闲咏新词漫饮茶，黄昏斗室静无哗。抽丝渺渺入无涯。　　雪是白云云是雪，花为蝴蝶蝶为花〔1〕。共携明月到诗家。

2011 年 3 月

逸　兴

春见春含笑，
庭园绿渐稠。
繁花烘日暖，
垂柳异风柔。
古墨研龙尾，
奇文并凤头。

〔1〕时新得一盆蝴蝶兰。

长吟一掷笔，
逸兴满书楼。

2011年4月

送亚平返云南

春风千里送君行，
一路芳菲一路莺。
醉里河梁新柳绿，
梦中夜雨烛花明。
铜琵铁笛聊娱老，
广尔钧天作大声。
他日登楼舒远目，
滇南骚雅起雷鸣。

2011年4月

献诗二首

一

百年龙战血玄黄，
大厦摩天筑小康。
一篑为山长不止，

卿云定灿大同乡。

二

苟为人民生死以，
居思薪胆舞闻鸡。
出山万里清泉水，
未许缁尘染素衣。

烟花三月小集

2011年4月7日至14日，我和家人好友游昆山、苏州、杭州各地。

大唐村即景

风袅杨丝石径斜，
白鹅绿水认农家。
抛来万缕黄金线，
一望无边绣菜花。

饮　茶

岁岁风霜岁岁花，
何妨夕照当朝霞。
春风引我南游兴，
半为寻诗半问茶。

晚　步

谁家低唱似吟诗，
竹映清塘三两枝。
随步春风扶小醉，
满身花影月明时。

与老友话“文革”事

白头老友话沧桑，
往事如烟尚断肠。
我愿青天常似洗，
无风无雨有花香。

钻石婚赠阿龄

艰危泪语苦犹甜，
风雨相依六十年。
共举金蕉祝来日，
人能再少月长圆。

别千灯镇

百业如花照眼明，
群楼春笋雨中生。
来朝更访千灯镇，
已是千灯不夜城。

西湖所见

浪静风平湖面宽，
公安两艇卫龙船。
水中鱼鳖空中鸟，
窥伺须防忤上官。

听　琴

苏州听裴先生父女弹琴

高堂坐晴晓，
倾耳静听琴。
浩荡春江水，
低回远岫云。
了无浮世韵，
略解古人心。
老氏一言中，
希声是大音[1]。

访顾炎武故居[2]

两代衣冠已作尘，
昆山犹自颂宁人。
匹夫有责担兴废，
纸笔焉能靖虏氛。
没齿不官著高节，

〔1〕大音希声，语出《老子》。
〔2〕故居在千灯镇。

等身遗著旷儒林。
可怜熙攘多如蚁，
不拜清风只拜金。

菩　萨　蛮

谒叶圣陶先生墓

青衫又点姑苏雨，清明来拜先生墓。草树沐春风，繁花深浅红。　　文星光四海，桑梓多遗爱。庠序仰山高，通衢名圣陶〔1〕。

忆　秦　娥

参观昆山亭林公园昆石馆

曾向往，昆山有玉今来访，今来访：腾龙跳虎，翻云卷浪。　　名山踏遍峰峦壮，屈身几案共游赏。共游赏：嵯峨犹作，飞天梦想。

〔1〕苏州至角直的公路名“圣陶路”。

临 江 仙

西湖泛舟

十年不见苏堤柳，刘郎今日重来。旧时觞咏半尘埃，桃花不相识，娇小是新栽。　　一双白鹭低飞去，满船谈笑倾杯。算来不老是诗怀。临流照白发，都被绿波埋。

浣 溪 沙

湖　畔

花影摇风柳色柔，拍天春水望湖楼，随波白鸟信沉浮。　　莫叹人生似弹指，君看天地等浮沤。鬓丝不绾一丝愁。

2011年5月

牡 丹 吟

一民老友赠牡丹诗以为谢

城中牡丹花已谢，山中牡丹花正开。山中老友念我城中住，为致一束牡丹来。剪枝即送犹带露，间有含苞花未吐。花色轻摇五色云，花香细度无声语。不必奔走访名园，擦肩接踵殊不堪。洛阳风韵窗前赏，菏泽芳华座上看。“君为寒士贫且老，寓舍如蜗发如草。最宜钩棘共君欢，牡丹与君不同调。”我答唯唯曰不然，“世之所弃天独怜。自古朱门爱酒肉，花仙只合伴诗仙。”

梦中适与花神遇，伊谓我言犹不足。“道君贫寒实大富，有诗三千席卷人间云月和风雨。屈原滋兰九畹蕙百亩，渊明东篱之下几丛菊，何其小也不足数。为君栽种万亩牡丹花，为君营造花间之书屋，花影如潮香如雾。花笺写就牡丹吟，共君山中老友大笑开颜吟且舞。”

2011 年 5 月

水调歌头

东山马銮湾漫想

十里东山岛，一碧马銮湾。滩头跣足小憩，夕照幻晴澜。掀起大潮如雪，应有鱼龙偷觑，认我是飞仙。云水渺无际，双鸟舞翩翩。　　抬老眼，览桑海，看今天。离愁别泪何限，缺月早应圆。愿植桃花夹岸，更凿珊瑚为隧，来往接蓬山。佳境知非梦，白发望年年。

1999 年 7 月

〔**附记**〕此词 1999 年作，近日偶见，自觉命意尚佳，文字做多处修改。暂为定稿，何曰“暂”？也许还要改。记叶圣陶先生晚年，将其早年作品通通加工一遍。叹服此公深知为文之理。所谓“一字不易”，只个别情况有之。普遍而言，则作到老改到老也。

2011年7月记

《人小鬼大图》歌

老画师侯一民先生以近作《人小鬼大图》见赠。画境奇诡，惊心骇魄，为作长歌，实有韵之杂文也。

侯君赠我钟馗画，开卷视之大惊诧。
天地颠倒日月藏，钟馗何小鬼何大！
隐如乌云显如山，呼风唤雨指轻弹。
阴阳两界称老大，捉妖律令掌中玩。
上拜诸神贡百宝，下结鬼网相勾结。
十万雷霆击不倒，老子有靠上指天。
欲问钟馗在何处，大鬼脚边颓然伏。
朱衣暗敝眼无光，长剑藏匣已锈腐。
燃犀欲烛巨伞遮，追根难禁高墙阻。
往日斩鬼如切瓜，往日鬼作盘中脯。
往日神威安在哉，人小鬼大一何酷！
风雨欲来雷撼窗，夜深鬼影摇灯光。
对画沉思忽有会，放笔虽谐意则庄。
人鬼消长关世运，如读千秋兴废章。

人长鬼消喜昌盛，人消鬼长悲沦亡。
历览古今同此律，
贪腐之祸甚于鸠毒烂肝肠。
斯画也，
犹如一记警钟震天地，
一声棒喝发聋聩，
勇者观之欲裂眦，仁者观之宜战栗。
侯君此画来自梦[1]，我有新梦继君梦。
新梦与旧大不同，新梦必定与君共。
钟馗钟馗，愿汝恒久伟岸而光辉，
目光如电，虬髯如戟，
口吐烈火，焚枯燎秽，
俯视鬼魅，渺如虫蚁。
轩然振袖舞天风，
长剑尽殪一切鬼。
彼时天清日朗纤尘无，
请君更画人长鬼消图。

2011 年 7 月

〔1〕君题画云，此画得自梦境。

贺中华诗词研究院成立四首

一

华夏诗歌史，
千秋一脉新。
滚滚江河水，
长流时代音。

二

诗随国运兴，
高唱人间变。
古莲开新花，
今朝更好看。

三

研究领创作，
创作促研究。
欲穷千里目，
更上一层楼。

四

八十五岁了，
人老诗不老。
化为铺路石，
为复兴垫脚。

2011 年 9 月

题一民水墨讽谕画

举重千钧鸿羽轻，
移将五岳入丹青，
等闲游戏一挥笔，
鬼魅当头响震霆。

2011 年 9 月

题邓澍画牡丹

侵晓风摇疑滴露，
中天日暖欲生香。
仙姿今作幽人侣，

始信山堂胜玉堂。

2011 年 9 月

听电视演唱李白《静夜思》

不为黄金贵，
非缘冠盖尊，
千秋思静夜，
百姓爱诗人。

2011 年 9 月

中 秋 无 月

风露飒然清，
浓云暗夜城。
楼高千叠嶂，
车走万流星。
天外有明月，
人间无月明。
相邀一杯酒，
何必问阴晴。

2011 年 9 月

临　江　仙

与树喜诸友谈诗

铿然一叶霜前落，披襟快意当风。不须美酒飨良朋。剧谈惊四座，骚雅听新评。　诗神不受藩篱囿，现实浪漫相生。冲天两鸟共飞鸣[1]，秋风愁破屋，沧海醉骑鲸。

2011 年 9 月

天　　宫

天宫一号发射成功

不用骖龙驾凤鸾，
雕栏玉砌上青天。
宫中容我闲吹笛，
华夏清声满大寰。

2011 年 9 月 29 日

〔1〕用东坡《书丹元子所示李太白真》诗意。两鸟，指李、杜。

吃　　蟹

四十年前乍破晴，
京门煮尽蟹横行。
挟风带雨三千首，
不憾持螯白发生。

2011年10月

天安门广场看灯二首

一

灯山灯海拱天安，
车上观灯自得闲。
岁月千丝催白发，
一丝一发一悲欢。

二

参差楼厦峙摩天，
里巷无由识旧颜。
似获仙人点金指，

眼前平地起金山。

2011 年 10 月 7 日夜

忆香山旧游二首〔1〕

一

壮岁游踪来入梦，
翠湖踏月独闲行。
风偷花气香无影，
波曳清光碎有声。

二

还如砚侧旧松声，
不改楼头山色青。
伤逝诗成无寄处，
故交零落散晨星。

2011 年 10 月

〔1〕40 年前在香山举行教材会议，与会同道百余人，居香山年余。

悼　杖

砰然杖忽断，
痛惜失良朋。
徒梦锡飞渡，
不堪夔独行[1]。
形如寒蚓卧，
魂作瘦蛟腾。
纵有桃花发，
谁扶夸父征[2]！

2011 年 10 月

蟹　逃

暂缓就蒸日，
居然中夜逃。
纵逃终赴死，
纵死不充庖。
诗笔夸公子，

〔1〕余股骨折初愈。夔，传说中一种动物，一足。
〔2〕夸父逐日，植杖，化为桃林。

丹青写巨鳌。
文明多伪饰，
坦率不如猫。

2011 年 10 月

金 缕 曲

梦 登 高

落帽真儿戏。梦登高，珠穆朗玛培𪣻而已。飞上天宫三百里，小试游仙滋味。更月殿停槎暂憩。玉女清歌留不住，桂花开，未肯花间醉。探宇宙，向深隧。　太阳系外逢知己。畅谈天，琼浆玉盏，百花丛里。一老长须白拖地，宏论多怪异。道“远客启予蒙昧：何故地球多杀戮，聚黄金铸剑残同类?”悚然醒，泪沾臆。

2011 年 10 月

秋 歌 八 首

一

阔地高天度远鸿，
黄花青酒白头翁。

轻舟入梦还浮海，
笔力如刀欲斫龙。
老骥何曾甘伏枥，
征鞍虽解伤嘶风。
吟秋若问题诗处，
摘取西山霜叶红。

二

平生不悔作书痴，
淡泊秋怀只自知。
苦竹清于寒雨后，
幽兰香在未花时。
解忧以酒原非计，
祛老良方唯有诗。
拂袖轻寒良久立，
金摇庭柳夕阳枝。

三

行人招手唤的哥，
处处花坛绿树遮。
紫禁城中恣览胜，
咖啡店里漫听歌。
大娘晨练欢声乱，

少女时装款式多。
借问秋光何处是?
夜凉如水看银河。

四

老去忧来不自禁,
冷茶苦酒黯消魂。
三秋破屋愁多雨,
一笑倾城掷万金。
明月清风皆作价,
高山流水厌听琴。
可怜采尽东篱菊,
不入陶家入市门。

五

八方风雨乱晴阴,
丝竹清声杂噪音。
是是非非非也是,
真真假假假还真。
泥沙未阻长河浪,
冰雪翻滋大地春。
忧乐人间纷百态,
万般生气付长吟。

六

得失纷纷问若何，
随缘日月等闲过。
因思春绿喝龙井，
为祛秋寒吃火锅。
渐少读书缘眼暗，
狂来忌恶放言多。
喜看故巷成新市，
谁识当年打枣哥[1]。

七

不教忧患困衰翁，
闲步生途兴未穷。
颇憾多言披旧稿，
尚非痴绝谢天公。
清塘漫洒零星雨，
老蝶徐徊自在风。
一事催诗应胜酒，
青花小盏品乌龙。

---

〔1〕曾家宣南，院中有一棵老枣树，枣大而甜。

八

云外初来雁阵横，
郊原犹见草青青。
黄花扶醉酣秋韵，
霜叶凝霞酿晚晴。
斗室能容天广大，
诗怀时作海奔腾。
毛锥已是童如我，
天遣相随伴此生。

2011 年 10 月

满 庭 芳

答树喜诗友

京国风尘，红楼编简，栖栖一个书生。百年歌哭，垂发白千茎。自笑泥涂曳尾，胡为慕、沧海骑鲸。天许我、诗为肝胆，万物俱生情。　秋晴，开望眼，寒山霜木，大宇苍鹰。揽无边风物，挥洒纵横。岂暇关心豪婉，忽掷笔、石破天惊。欣然喜、杂花生树，新雨沃繁英。

2011 年 10 月

【附】

满庭芳

呈刘征老师

李树喜

蘸墨三江，携云五岭，描画莲古新红。神游化外，万物结诗朋。背负青天垂翼，波涛涌，醉舞鲵鲸。拿云手，童心剑胆，未肯受牢笼。　　谁评？风韵史，宋唐歧径，豪婉分庭！赖先生勃性，变法霓虹。不欲称王偏是，高绝处，一树峥嵘。莫孤独，粉丝书画，诗酒伴梅翁。

辛卯近重阳　于山西　云闲斋

拷问文明

剖山腹以求索兮得化石之累累。身躯何其硕大兮知恐龙之所遗。一亿五千万年一弹指兮扬历劫之飞灰。叩化石以驰想兮口欲言而嘘唏。君所处之空间兮即脚下茫茫之大地。君所处之时间兮尚莽莽洪荒之始辟。生命之泉喷涌而出兮遍天空与海底。千状万态不可名状兮惊叹造化之游戏。恐龙之出兮居顶尖之地位。就中有霸王兮乃龙中之魔鬼。食众生以自肥兮更自残其族类。其尾如赶山之鞭兮其齿如断喉之剑戟。剥皮以食肉兮碎骨而吸髓。腥风血雨兮神号鬼泣。我方欲责龙以邪恶兮又嘿然而自已。彼时古猿尚未出世兮何曾有丝毫之人气。无善无恶兮无是无非。无愚无智兮无丑无美。弱肉而强食兮乃生存之铁律。欲溯时隧而回游兮访恐龙于侏罗之纪。知其不可得兮望荒云而太息。

恐龙之魂兮附化石出于地壳。闻我之言兮拍天风而大笑。君欲访恐龙兮何须烦恼。即今之世兮也还不少。君且慢责恐龙兮作自身之检讨。人类文明何其伟大兮灵魂却又何渺小。飞天已登上帝之宫兮堕地却难拔泥犁之脚。弱肉强食之铁律兮仍如毒蛇将地球缠绕。掩颜面之丑陋兮画如花之美貌。掩号叫之野蛮兮诵慈悲之佛号，掩血腥之杀气兮涂芬兰之油膏，掩利爪之凶残兮戴洁白之手套。

夜鸟怪叫兮星月碰撞而铿锵。我醒似梦兮我梦荒唐。亿万年而后兮难卜人类之存亡。即或不存兮必有化石之埋藏。化石或为我骨兮出土见异色之阳光。新智能者执我化石兮研究缜密而周详。询及人类之文明兮目炯炯而发光。我如遭拷问兮受沉重之脊杖。我脸发烧，我心急跳欲遁走而无方。

2011 年 9 月

〔**附记**〕读沈鹏先生《朝阳化石歌》有感，写了此诗，沈歌尊重大自然规律，采取严谨的科学态度。我诗是野狐禅，借题发挥，荒诞不经，嬉笑怒骂而已。楚骚“兮”字体，自由流转，容量较大，颇可借鉴。新诗界，郭小川借鉴“兮”字体写《甘蔗林——青纱帐》，获得成功。“兮”字，郭沫若考证，可读“啊”。

檐间雏雀

雏雀檐间叫，
闻声不见形。
但知饥唤母，
不解险多鹰。
弱肉为强食，
苍天何寡情！
夏初风日暖，
毛羽快生成。

2011 年 11 月

2012 年

感动中国的热泪

2011 感动中国人物赞

朱光亚[1]

不慕荣华不慕名，
星悬霄汉仰先生。
荒沙破寂雷霆爆，
动地惊天第一声。

〔1〕朱光亚（1924—2011），核物理学家，核武器科学和技术专家。生于武汉。1956 年，参与筹建近代物理研究室，为中国培养了第一批原子能专业人才。20 世纪 50 年代末，中国开始完全依靠自己的力量发展核事业，朱光亚被任命为中国核武器研制的科学技术领导人。他负责并组织领导原子弹、氢弹的研究、设计、制造与试验研究等工作，为中国核科学技术事业的发展做出了重大贡献。在国防科技领域，朱光亚还指导了中国第一座核电站——秦山 30 万千瓦核电站的筹建及技术研究开发工作、国防科技与武器装备发展战略研究等重大工作。朱光亚为我国核事业的教育、试验、发展提出了许多战略性、前瞻性和创新性的重要思想和建议，为实现我国国防科技和武器装备的跨越式发展做出了重大贡献。中国发现的一颗小行星被命名为“朱光亚”。

胡忠、谢晓君〔1〕

深山风雪教师家，
君是孤儿爸与妈。
自有真香出清苦，
高原并蒂雪莲花。

〔1〕在去藏区支教前，胡忠、谢晓君夫妇都是成都中学的老师。2000年，胡忠以志愿者身份来到海拔3 800米的四川省康定县塔公乡的孤儿学校支教。这所福利性质的民办公助寄宿制学校，是甘孜州13个县的汉、藏、彝、羌四个民族143名孤儿的校园。胡忠在这里每个月只有300多元的生活补助。2003年，在丈夫的召唤下，妻子谢晓君带着三岁的女儿也来到这里支教，并担当了生物老师、数学老师、图书管理员和生活老师四种角色。她甚至把工作关系转到康定县，并表示要和丈夫“一辈子待在这儿”。

刘金国〔1〕

为官誓保万民安，
大爱情怀苦自甘。
排险决不跬步退，
雄风压倒火烧天。

〔1〕公安部副部长、纪委书记、督察长，担任领导职务几十年，亲手审批过近 20 万个“农转非”指标，可自己的亲属却无一调出“农门”；从不接受各种宴请，从不接受任何礼品；配有工作用车，家属从未用过。在“5・12”汶川特大地震救援中，刘金国担任公安部前线总指挥，紧急调集、指挥全国 2 万多名公安专业救援力量，从废墟中搜救出被埋压人员 8 335 人。2010 年 7 月 16 日，大连新港输油管爆炸火灾事故发生后，他带专家第一时间赶到现场，面对数十个储量巨大的油罐随时爆炸的危险，临危不惧，果断决策，科学组织，用 15 个小时扑灭了 10 万吨油罐大火，被专家称为世界奇迹。2011 年，根据公安部党委部署，他直接组织指挥打击侵犯知识产权和制售伪劣商品犯罪的“亮剑”行动，全国共破案近 3 万起，打掉制假售假等犯罪团伙 6 700 余个。

张平宜〔1〕

青鸟翩翩海上来，
骨肉情深深似海。
清清海峡水长流，
不兴风浪长流爱。

〔1〕曾是台湾《中国时报》资深记者，2000 年，为采访大陆麻风康复村的现状，来到四川省凉山彝族自治州越西县的小村庄——大营盘。2002 年，她履行自己的承诺，为村庄小学兴建了崭新的教室。2003 年至 2011 年，她辞去百万年薪的工作，开办“中华希望之翼服务协会”，致力于大营盘麻风病人的子女教育。为筹备建校的资金，张平宜在台湾写文章募款，到处演讲、卖书，试图说服潜在的资助者。她带着积攒的善款，回到大营盘，当上了新教学楼的“监工”。11 年来，她将一个供麻风村子女上学的教学点，一点点地建成为完善正规的学校，2005 年至今已培养百余名毕业生。

杨善洲〔1〕

荡荡青天公仆心，
为官本色是为民。
一生已是清如水，
更为人间留绿荫。

〔1〕两袖清风，清廉履职、忘我工作、一心为民，是原云南保山地委书记杨善洲生前的真实写照。1988 年退休后，他主动放弃进省城安享晚年的机会，扎根大亮山，义务植树造林，一干就是 22 个春秋，带领大家植树造林 5.6 万亩，林场林木覆盖率达 97%以上。2010 年 5 月 5 日，杨善洲把保山市委、市政府为他颁发的 20 万元特别贡献奖中的 10 万元捐赠给保山第一中学，另外 10 万元捐赠给大亮山林场。2010 年，他去世前，还将价值 3 亿元的林场无偿上缴给国家。

刘 伟[1]

昆山玉碎凤凰叫，
碧海潮生风雨寒。
悲歌梁祝英雄赞，
尽在刘君脚趾间。

〔1〕“我的人生中只有两条路，要么赶紧死，要么精彩地活着。”这是无臂钢琴师刘伟的励志名言，这个小伙子的独特经历和强大的内心世界，让很多人记住了他的名字。刘伟出生在北京普通人家，10岁时因一场可怕的事故而被截去双臂。12岁的他在康复医院的水疗池学会了游泳，两年后在全国残疾人游泳锦标赛上夺得了两枚金牌；16岁他学习打字；19岁学习钢琴，一年后就达到相当于用手弹钢琴的专业7级水平；22岁挑战吉尼斯世界纪录，一分钟打出了233个字母，成为世界上用脚打字最快的人；23岁他登上了维也纳金色大厅舞台，让世界见证了中国男孩的奇迹。

吴菊萍〔1〕

五岳巍巍江海阔，
应难与母比慈怀。
仰头飞步忘生死，
双臂千斤捧未来。

〔1〕2011 年 7 月 2 日下午 1 点半，在杭州滨江区的一住宅小区，一个 2 岁女童突然从 10 楼坠落，在楼下的吴菊萍奋不顾身地冲过去用双手接住了孩子，小女孩得救了，吴菊萍手臂骨折，受伤严重，被网友称为“最美妈妈”。吴菊萍自己有一个刚刚 7 个月大的儿子，在救人前她健康活泼的儿子还没有断奶。由于吴菊萍治疗时要服大量药物，她不得不给孩子断了奶。2011 年 9 月 20 日，吴菊萍在第三届全国道德模范评选中荣获“全国见义勇为模范”称号。

阿里木[1]

肉串营生利几何，
助学十万爱偏多。
草根却是参天树，
大款逢君宜唤哥。

〔1〕阿里木 1989 年在新疆石河子参军入伍。退伍后，在当地供销社工作，1997 年供销社破产后，阿里木离开新疆走南闯北，2002 年来到贵州省毕节市，以烤羊肉串为生。他在毕节看见很多穷孩子上不起学。阿里木深知缺乏教育给人生带来的晦暗，从 2006 年起，他决定用烤羊肉串挣来的钱在毕节学院设立“阿里木奖学金”，专门资助贫困学生。这些年来，阿里木卖出 30 多万串羊肉串攒下的 10 多万元，全部捐献出来资助了上百名贫困学生。

孟佩杰[1]

冒雪冲风寸草心，
笑将纯孝铸青春。
千金顿觉贱如土，
大爱真能泣鬼神。

〔1〕孟佩杰有着一个不幸的童年：5 岁时父亲去世，母亲重病，无奈将她送人领养，不久生母去世；5 岁的孟佩杰由养母刘芳英照顾，三年后养母因病瘫痪，不久，养父不堪生活压力离家出走，此后杳无音讯。8 岁的孟佩杰开始为生计而操劳，承担起侍奉瘫痪养母的重任。每个月俩人就靠养母微薄的病退工资生活，她每天在上学之余要买菜做饭，替养母洗漱梳头、换洗尿布、为全身涂抹药膏。孟佩杰一直悉心照料养母，不离不弃。2009 年，孟佩杰被距离家乡百公里的山西师范大学临汾学院录取，不放心养母的她决定"带着母亲上大学"，在学校附近租了房子，继续悉心照料养母。

白方礼[1]

“人不利己天诛灭”，
妄语荒唐利己人。
日月堂皇悬正气，
人间默默一三轮。

〔1〕河北省沧州市沧县白贾村的白方礼老人，从1987年开始，连续十多年靠自己蹬三轮的收入帮助贫困的孩子实现上学的梦想，直到他将近90岁。白方礼老人曾两度入围央视“感动中国”候选人名单，但两度落选。2005年9月23日早晨，93岁的他静静地走了。他去世后的新闻报道让更多人知道了他的事迹，感动了无数国人。

吴孟超[1]

已研艺术臻神妙，
更有宽仁济众生。
莫谓刀锋少诗意，
海深万尺比君情。

2012 年 1 月

---

〔1〕中国科学院院士、中国肝脏医学奠基人、第二军医大学东方肝胆外科医院院长吴孟超，是世界上 90 岁高龄仍然工作在手术台前的唯一一位医生。抗日战争时期，身居海外的吴孟超响应党的号召，历尽千辛万苦回到国内。几十年间，吴孟超推动中国的肝脏医学从无到有，从有到精。1999 年，他推动建立了中国的肝胆外科专科医院，并成为国内最大、国际唯一的肝胆外科疾病诊疗和研究中心。2009 年，吴孟超牵头的“国家肝癌科学中心”经国家批准在上海建立。经过几十年的努力，在中国多发的疾病肝癌术后五年生存率，由 20 世纪六七十年代的 16%，上升到今天的 53%，肝癌对国人的伤害力得到了有效的扼制。

采桑子二首

迎　春

一

天涯溶雪萌芳草，岁岁枯荣，不息生生，尽染人间万里青。　　逢春老树饶生意，铁质龙形，枯萎何曾，怒放新花爆有声。

二

莺花千里真如绣，细雨轻雷。草长莺飞，几许飞红点碧苔。　　送春莫洒伤春泪，时序推移。花落花开，道是春尽春又来。

2012 年 2 月 16 日

游怀柔水下长城

广播清歌三五家，
潭冰初泮柳初芽。
黄花城下黑牛谷，

侉炖红鳟烹小虾。

重温《讲话》

一

《讲话》重温我白头，
人间正道易春秋。
风吹浪打真金在，
剑气依然射斗牛。

二

艰难百战忆前生，
风雨催花万户春。
大地苍凉入诗韵，
不为玩偶媚多金。

题《太阳》

一

五十年前编《太阳》[1]，
而今重阅发成霜。
少年意气浑如昨，
万马千军战吕梁。

二

挟山超海徒荒梦，
壮语豪言不救贫。
喜见稷山今日事，
花香莺语建新村。

题《沈鹏诗词选》

秋水长天一色清，
诗书异体共根生。

〔1〕1958 年下放山西稷山劳动，编《太阳》杂志。

两能兼善开新境，
此老胸涵几洞庭。

答黄君友

老去悲欢付谈笑，
但喝冷酒懒登楼。
清风喜见来修水〔1〕，
正是红繁绿未稠。

悼柯岩女士

一生豪唱为人民，
劲骨柔肠战士心。
犹听声声唤总理，
青天碧海舞忠魂。

〔1〕修水是宋黄庭坚故里，黄君是黄庭坚的后裔。

海棠诗三首

恭王府海棠雅集

一

杨丝万缕绾清愁，
舞蝶穿花入梦游。
贵胄簪缨随逝水，
海棠犹自说红楼。

二

翰墨何曾参造化，
没臻极致本无诗。
寻花江畔颠狂甚，
也有少陵搁笔时〔1〕。

三

名花笑我发垂霜，

〔1〕杜甫有《江上寻花六绝句》，集中无海棠诗。

我对名花喜欲狂。
苦忆泥污燕支雪〔1〕，
曾经风雨爱晴光。

次韵奉和梁东诗兄

“八十自白”之作

当春乔木著繁花，
结实累累大似瓜。
曲水清风临翰墨，
应时好雨到诗家。
长生自有胡麻饭，
养气还须普洱茶。
高唱京腔人未老，
挥毫犹作满天霞。

寿天顺学兄八十华诞

一

“国正天心顺”，

〔1〕东坡《寒食诗》中有句“卧闻海棠花，泥污燕支雪”。

姓名早结缘。
同窗晦风雨，
联袂唱新天。

二

三五长明月，
八十方少年。
不须伤逝水，
君是竹枝仙。

2012 年 1～3 月

咏恭王府海棠，次韵马凯先生之作

曾经哀怨闭高墙，
丽质今传闾里香。
舞袖徐回飘素雪，
娥眉淡扫倚新妆。
卷帘宿雨消残酒，
题句红楼更断肠。
我以欢歌送花落，
清秋摘采定盈筐。

谢刘章兄赠杖

章兄赠杖大珍奇，
疑折漆园山木枝。
我欲因之踏云汉，
一声霹雳化龙飞。

习　草　书

斗室幽兰未谢春，
闲庭初洒绿槐荫。
远离熙攘尘间事，
暂得逍遥物外身。
爱与藏真狂作伴，
时邀长史老相亲。
纵横醉墨惊何似，
古木苍藤日月昏。

饮茶七首

一

古月今花入梦思，
游仙八表正神驰。
饮茶助我敲新句，
一缕茶香一缕诗。

二

市桥声外隐书楼，
大砚长笺列案头。
信笔所之向空涌，
茶烟流转正悠悠。

三

千杯豪唱杜康宅，
三盏清吟陆羽家。
欲问谪仙果仙否，
只知饮酒不知茶。

四

大寰风雨屡惊魂，
啼鸩声声不忍闻。
茶以解忧应胜酒，
香余苦涩足清心。

五

纤纤素手翩如燕，
阵阵清歌婉似诗。
万绿丛中红点点，
江南三月采茶时。

六

清波漫坠桃花雪，
锦翅轻回彩蝶风。
细品明前龙井味，
西湖湖畔梦中行。

七

桃花落尽夏云深，

何处刘郎更问津。
许我一庐结梅坞，
不烟不酒作茶人。

2012年4～5月

读报有感

蛟龙探海五千米，
航母浮波二十年。
奋起艰难思甲午，
长风鼓浪势排山。

咏梅四首

一

浩逸幽姿照冰雪，
横斜疏影作诗行。
金盘不欲沾仙露，
野店来添一瓣香。

二

不向高坛拜牡丹，
无心桃李与争妍。
冷香寂寞随开落，
君是花中自在仙。

三

老干横云如铸铁，
盘根铺绿长霉苔。
天公未许花魂老，
依旧新芳岁岁开。

四

也无忧乐也无诗，
为蝶为庄不自知。
我梦空山抱明月，
寒梅万树着花时。

叹息三首

一

某些高校买代笔论文成风，甚至有代笔专业户，各类文章明码标价。

砖要敲门请代庖，
青云得意马蹄骄。
可怜扫地斯文尽，
“锦绣文章”明码标。

二

某县建办公大楼，堪比白宫。

飞升鸡犬多复多，
各个都要有个窝。
一个“白宫”嫌太窄，
再多几个算什么！

三

西湖所见

山外青山楼外楼，

一楼今在水中浮。
万元一掷谁家子？
自有神仙在上头。

思　　友

与厚示学兄联句

居闲哀乐减，
垂老故人亲。（刘征）
岂必联床语，
诗飞梦比邻。（厚示）

秋波媚二首

街头喝咖啡，即景

一

街头独坐晓风微，一鸟眼前飞。路槐列队，无声有语，摇曳相依。　　诗人自问是耶非？抿嘴喝咖啡。飞来好句，忽然飞去，欲提难追。

二

秋前约略息炎蒸，久雨喜新晴。辞红木杖，坐青藤椅，饮玉壶冰。街头款款妇前行，小小抱中婴，婴戆然笑，我欣然喜，几许诗情。

隐忧二首

一

酒自醇香花自红，
依然忧乐系衰翁。
饕蚊成阵雷惊夜，
硕鼠生牙力破墉。
蚁穴江堤难救溃，
天弥尘暴扫无功。
如钩月冷文窗梦，
高树摇天起烈风。

二

尚余几许少年豪，
窗影摇灯诵楚骚。

老去情怀唯索寞，
忧关世运忍逍遥！
汹汹倒海白鲨浪，
脉脉温情无影刀。
上国平安春正好，
琼楼缥缈月轮高。

访 旧 居

旧居临近景山，“文革”在此度过。

旧日街衢旧日天，
骤回四十六年前。
焚书狼藉超秦火，
溅血纵横抽“鬼”鞭。
微命幸存悲白发，
鸿筹何计塞狂泉[1]？
惊疑满面八零后，
只作天方听夜谭。

〔1〕古寓言：有狂泉，饮之，举国皆狂。

劫余杂忆九首

旧居在景山东侧，我和阿龄在此度过“文革”。40多年过去，重访旧地忆及“文革”中种种，未随云烟散去者数事，情见乎诗。凡所吟咏皆“文革”前期所亲历，耳闻者不采。

景山老树

1966年6月，阿龄和我都被“揪出”，并坐景山东坡一棵树下良久，忍悲无语。

相对无言各忍悲，
可堪春晚杜鹃啼。
枝枝叶叶涓涓露，
犹作当年血泪垂。

沉稿

我曾将多年诗稿，绑以铁块，沉入故宫御沟中。

著足骇无分寸地，
当头高压五行山。

可怜行走唯形影，
心已沉波逐屈原。

抄　家

我家被抄四次，区区斗室，抄得一塌糊涂。非只图书遭难，且殃及衣物。后来，阿龄的一双高跟鞋和我的一方端砚，并排展览在“反修”展览台上。

破“旧”抄家四度来，
瓢勺锅碗俱遭灾。
高跟鞋并端溪砚，
摆上防修展览台。

毒　打

阿龄在学校被批斗，某夜回家，脊背被皮带抽得皮开肉绽。衬衫被血粘在背上，久久才拿下来。我们谁也没流泪，相勉“活下去”。

衣血粘连难脱身，
条条青紫认鞭痕。
严宵远近高音吼，
天地冰凉剩两心。

专　政

春节大雪，仍令到后院劈柴。并宣布专政命令，字字如刀刺心。

劳改劈柴未肯饶，
倚门含泪女儿娇。
新春佳节严专政，
勒令条条利似刀。

批　斗

某日，开我的批斗会。

伏罪还须颂圣明，
千夫戟指似颠疯。
上纲已到天方夜，
不许抬头辩一声。

问　天

一领导人被揪出批斗，竟爬上数十米高的烟囱。

当时观者斥狂颠，

此际思君意怆然。
举世汹汹无处问，
故攀星月问苍天。

题　　壁

满墙大字压乌云，
风雨无由识旧痕。
证史何须重金石，
愿留点画警来人。

故　　人

故人生死两惊心，
旧事茫茫散作尘。
一老荒庭扶杖立，
残阳如酒伴长吟。

2012 年 7～8 月

哭张结诗兄

乍闻惊掩泣，

西去动车中。
呜咽长河水，
悲凉三晋风。
持身瞻古柏，
高咏听黄钟。
谁复披肝胆，
孤云暗远空。

2012年9月，赴太原途中

题《晋祠铭》

书家诸体灿群星，
一代高峰百世雄。
岂止戎衣安社稷，
英风王气晋祠铭〔1〕。

2012年9月，太原

〔1〕铭为唐太宗李世民所作并书。杜甫《重经昭陵》中有“风尘三尺剑，社稷一戎衣”两句。

题赵简子墓出土车马[1]

西道农夫与冻蛇，
东传狼子与东郭。
寻思古往今来事，
三拜中山简子车。

2012年9月，太原

面壁有感 并序

晋中某村娘娘庙中壁画，精妙绝伦。而其中人物都被剜去双目，惨不忍睹。系“文革”中狂徒所为。

文网密无漏，
恩波及远村。
挥鞭扫牛鬼，
破壁祸尊神。
黑暗全无日，
光明却在心。
君看失目者，

---

〔1〕附论：四乘战车，四十多匹马骨。车形制巨大，双轮高与人等。因想中山狼的故事，发生于赵简子打猎时。赵也许即乘此车，车曾见东郭先生否耶？

不是画中人。

2012 年 9 月，太原

水调歌头

重游晋祠，戏作

一别五十载，老友近如何？唐槐顾我大笑，起舞绿婆娑。周柏拍肩温语：“一路风风雨雨，有点算什么。”难老清泉水，花下漾清波。　　重来访，圣母殿，众宫娥。当年风韵依旧，含笑语如歌：“忙煞众家姐妹，筹办时装赛会，评审待诗哥。”扰扰人间事，应是笑声多。

2012 年 9 月，太原

时事点评

一

蚕蚀鲸吞事未遥，
劝君谈判莫横刀。
巍巍吾土钓鱼岛，
不是卢沟旧日桥。

二

垂涎三尺窃鱼来，
怙恶不悛诚可哀。
一枕黄粱甲午梦，
当心霹雳破枯槐。

2012年9月

题丁向阳先生草书千字文

丁君公务繁，余事耽笔翰。
草书尤所嗜，研习无昏旦。
所出千字文，开卷明老眼。
如闻风雨声，云中走雷电。
如惊崩石坠，枯藤悬一线。
如观虞姬舞，长剑飞光眩。
如听猛士歌，宛转而雄健。
千文书者多，应推素师擅。
君更爱素师，池冢致通变。
方期陟崇巅，骤马当无远。

2012年9月

种　子

我国第一艘航母服役，一位军事专家作如是评价：种子。

长风扇海浪排山，
雪耻图强历百艰。
起蜇如龙一笋出，
琅玕万尺定参天。

《刘征文集》第八卷续稿有感

才别朝霞即晚霞，
笔端风雨送年华。
滔滔不尽江河浪，
八卷诗文一粒沙。

题肖丽女士书沈鹏先生徐霞客诗

此作将赠江阴南菁中学

真草交融萧史字，

襟怀旷远沈公歌。
妙品珍藏问何处?
白云一片映江波。

题肖丽女士书马凯先生诗[1]

对月少陵诗,
怜子迅翁赞。
大哉儿女情,
涓滴知浩瀚。

题网画三首

杜甫上网

杜诗中有一些直接反映时事可作新闻报道读。如《丽人行》《兵车行》《哀王孙》以及晚年写于川北的《闻官军收河南河北》等。此公穷愁潦倒,却如此关心国家大事,令人敬佩。如能借助电脑,了解更多,必有更多好诗飨读者。

官军北地传捷报,

〔1〕马凯诗题为《贺小外孙出生戏作五首》。

万水千山到剑门。
若览新闻凭电脑，
新诗一日百篇吟。

杜甫弹吉他

律诗，在唐朝是近体（新体），特别是七律，难度很大。而老杜的诗笔于此独钟，七律为全唐之冠。足见此公富有创新精神。他还尝试写五句体并采俗语入诗，如“伤多”“遮莫”“个”“吃”等。

律诗当日为新体，
老杜雄才独擅长。
语不惊人宁可死，
吉他伴奏又何妨。

杜甫照相

一部杜诗是唐代真正的百科全书。特别是安史之乱前后。军国大事依次排列，俨然是那个时段的大事记。还记录了史所不及的生活现象，诸如嫁娶丧葬、过节、邻里往来、市井买卖、贫儿、寡妇、鸡鸭、老马等，可谓包罗万象，而且是动态的，充满诗人感情的。在我，宁可要老杜的诗，不要最先进的摄像机。

何须炮筒扛肩上，

此老毛锥大智能。
今读杜诗如眼见，
一千年上万民情。

2012 年 10 月

水调歌头

中秋之夜，天宇澄彻，月大而圆。楼头望月，忽发奇想。

仿佛闻环佩，渺渺素娥归。金风玉露依旧，大地遍清辉。三十亿年过了[1]，何术姿容不老，香雾隐冰肌。凝睇默不语，光影眩金杯。　旋大醉，共起舞，若芭蕾。漫天花雨飘坠，起乐动风雷。振袖银河倒泻，涤尽人间尘浊，万象竞雄奇。荡漾金波里，身逐众星飞。

三晋壁画歌

武普敖先生公余寻访山西寺庙古壁画，拍照万余张，涵盖北魏隋唐至明清八个朝代的千余年。

三晋云山藏古寺，九朝壁画留真迹。
风动千秋衣履香，壁展丹青风物志。

〔1〕我国科学家据我探月飞船所获测定，月球形成于三十亿年前。

画者为谁不知名，山村野店出绝艺。
莫道人物画少成，待补民间美术史。
万重风雨变沧桑，颓垣圮殿野草荒。
惜哉墨妙委荆棘，泯没森木存毫芒。
武君好古天下奇，公余寻访遍城乡。
拍照留存累千万，钩沉显晦得重光。
书史万卷徒文字，画中直睹古人面。
如闻昵语诉相思，如闻丝竹歌幽怨。
丽人含笑倚春风，佳期如梦月明中。
虬髯长剑游侠士，痛饮狂歌气吐虹。
蹄声嘚嘚秋霜重，千山啼鸟来相送。
欲收天地入诗囊，却恐蹇驴驮不动。
只疑置身烂柯山，松阴对弈兴悠然。
一老举棋犹未定，世上日月已千年。
飞天挟我汗漫游，飞上三十三天天上头。
万片飞花拥玉楼，群仙来迓骑龙虬。
天帝邀我共饮琼浆洒，
同消天上人间万古愁。
逸园老人叹精绝，
手拈白须共欣赏。
赏画之余读我诗，
必定邀我八十八岁翁，
乘风共作游仙想。

2012 年 10 月

遣　兴

手机声里会同俦，
电视屏中览九州。
翻老照片寻旧事，
试佳楮墨当闲游。
凌云尚有诗如鹤，
对雨何须酒解忧？
岁岁重阳今又是，
霜红万木点清秋。

2012 年 10 月

悼罗阳先生，有感

剖心沥血沃芳洲，
人百其身不可留。
死去方尊泰山重，
千金但愿市骅骝。

2012 年 12 月

寄 语 天 风

十八大报告宣告党的 100 周年（2021 年）全面建成小康社会，建国 100 周年（2049 年）建成富强、民主、幸福、和谐的国家。

衰龄难及百年期，
海唱山呼我不知。
寄语天风托一事，
庆功会上诵翁诗。

2012 年 12 月

读 报 书 愤〔1〕

饭后茶余阅报章，

---

〔1〕《北京晚报》（2012 年 12 月 7 日）：山西省太原市区往南 15 里是小店区西温庄乡西攒村。这个区人大代表李俊文有四个“老婆”，共生育了十个孩子。……他在 2003 年通过威逼利诱等不正当手段当上了村委会主任，连干了三届共九年。2010 年，他当上了小店区人大代表。……小店区特别是西攒村的选民为什么要选有四个“老婆”十个孩子的李俊文当人民代表。……村民们说，他们对照法律规定，发现李俊文涉嫌重婚罪，于是，他们将李的事情反映到区信访局，一位接待他们的领导竟然这样答复：“那是人家的本事！”呜呼！李代表的“本事”得到当地官员的认可，也就难怪他在当上区人大代表的那一年又有了“第四个老婆”，孩子一个接一个猛生，有没有准生证也照样到派出所上户口。

忽惊霹雳裂肝肠。
泰山压顶土皇帝，
民主欺人假蜜糖。
腐海深深深几许，
荆榛剪剪剪仍荒。
如山广厦问安否？
蛀蚀严于风雨狂。

2012 年 12 月

赞燕赵诗风

燕赵雄风世代传，
壮歌慷慨唱新天。
萧萧易水今寒否，
泼乳倾银绿万山。

2012 年 12 月

听　虫　声〔1〕

浮沉百感度平生，
未泯天真违俗情。

〔1〕看电视里介绍冬养鸣虫之趣。天堂河是流过故乡村南的一条小河。

梦到天堂河畔路，
芦花风里听虫声。

2012 年 12 月

天 净 沙

雪

一

长街风吼无沙，严寒春暖家家，云暗崇楼广厦。天公戏耍——忽然万树开花。

二

偷来太白仙才，浩然冰玉襟怀，梦到雪花七彩。随风飘摆——新诗片片飞来。

急 雪 二 首

一

急雪飞回风满楼，
曾经桑海老多愁。

芳园恶草惊滋蔓，
怒海长鲸肆遏舟。
万贯腰缠夸巨富，
几人薪胆解先忧？
管弦方奏齐天乐，
厌耳鸮鸣未肯休。

二

再阅三年九十翁，
未安伏枥尚嘶风。
感时难已心头语，
守拙甘为涧底松。
座溢茶香书作友，
波翻砚海笔为龙。
飘飞百态纷纷雪，
为报春来舞太空。

2012 年 12 月

杜 撰 曲

鬼 话

大画家，我老友也。以近作《人小鬼大图》相赠。

四尺纸幅，通天到地站立着一个大鬼，狞恶可怖。夜深人静，灯影摇摇，但见那鬼面活起来，嘴唇在动。我屏气倾听，且听他说些什么。

曲 一

哈喽，画家！论成就你已跻巅峰，论资格你早已白发。早就该寄情林泉，风流潇洒。画个花儿草儿蝶儿鸟儿，画个病美人雨打梨花，画个老翁春水浮槎，画个羽衣客吞吐烟霞。这画儿准能拍天价，银子到手白花花，没来由偏把鬼来画。

曲 二

画鬼也罢！就该画那鬼小姐，娇滴滴闭月羞花，鬼丫鬟，滴溜溜眼会说话，鬼相公色兮兮文酸醋假。仿聊斋笔法，画勾魂摄魄的鬼狐婚嫁。这画儿也不差。没来由偏画咱鬼老大。

曲 三

画咱鬼老大也罢！就该画咱慈眉善目的假面，绅士风度的假发，描龙绣凤的锦袍，盘金嵌翠的乌纱。就该画咱手握经卷，悲天悯人，身佩美玉，温文尔雅。真真假假谁能辨？这画儿给咱多了一道障眼法。答谢你一辆新款宝马。哎呀。你呀你！难道你喝了迷魂汤吃了大胆丸，楞可从虎口里拔牙，眼睁睁往地雷上踏，竟敢剥去咱的伪装，画一个裸鬼，赤条条一丝不挂。

曲 四

暴露了咱一摆手走石飞沙。暴露了咱一眨眼霹雷轰炸。暴露了咱烟囱般鼻孔，哼一声毒火喷发。最不该呀，暴露了咱掏人心的毛爪，吃人肉的獠牙。害得咱假西施现形母夜叉。呸！不过是画！

曲 五

一只手怎搬开大山压，一根木怎支起高楼塌，一只小小的毛笔怎奈何咱鬼老大。咱有九十九种变身法，咱有天神保驾。画家图个啥？只落得大头鬼、长舌鬼、黑心鬼、要命鬼、鬼族类、鬼子鬼孙一迭连声地骂一个字——傻！

杜撰曲

题钟馗醉睡面塑

开 场

老友面人汤，

面塑钟馗像。
酣睡醉如泥，
酒瓶一大筐。
醒木一声响，
小曲就开腔。

曲　一

提起咱，高山点灯名头大。手挥刀，把魑魅魍魉斩杀，口喷火，烧毁鬼王大厦。瞪一瞪眼，阴霾消散；跺一跺脚，地狱垮塌。你看那万户千家，抽椽笔，蘸朱砂，把咱的形象描画，墙上挂，咱保的是积善人家。

曲　二

休道我，心儿有些灰冷；休道我，眼神有些昏花；休道我，脚步有些歪斜；休道我，手腕有些酸麻；休道我，往日的百步威风，一身杀气变成软面团，烂棉花。咱是啊，酒喝得有些高，有些大，本官醉也。

曲　三

请看那，一缸缸、一罐罐、一瓶瓶，堆满案头床下，咱这偌大的房间堆得满当当挤擦擦，活像个老酒窖、大酒吧。

俱都是中外名酒，都标着吓人天价。一分钱咱没花，送来的是他和她。鬼局长，鬼主席，鬼经理，鬼老大，大鬼头头点腰哈，小鬼头脚边跪爬，一迭连声叫干爸，这美酒不算送礼，进孝心，请笑纳，千万收下。

曲　四

天大地大人情大，亲妈干妈有奶便是妈。咱最爱喝的是女儿红、竹叶青、糊涂仙、人头马。大碗倒酒哗啦啦，咱喝酒如同水库开闸，给个神仙都不换，美煞。美煞，也怕煞。说醉酒，也是半真半假。风儿吹，草儿动，都使咱心惊胆怕。这该死的马尿，软了我的骨头，黑了我的肝肠，倒了我吃鬼的钢牙。勾魂的孟婆汤送咱进包公铡。

罢罢罢，喝一声，咱把酒缸砸。唉呀呀！让咱再喝一杯酒，喝一口，每个毛孔都酥麻。

2012年12月

2013 年

题　句

为“讲述鲁迅诗文评比”题句。

瘦骨民族脊，
毛锥拄两间。
文章非墨写，
以血荐轩辕。

2013年1月

赠赵金光先生

济世情怀入浩吟，
医身妙手更医心。
寄情笔墨徒飞梦，
双翼开张应属君。

2013年1月

狂　泉　引

君不闻，有国乃在乌何有乡大荒山，国中有泉名狂泉。一人饮泉一人癫，千人饮泉千人癫，万人饮泉万人癫，举国饮泉举国癫。以天为地，地为天；以仙为妖，妖为仙；以弦为钩，钩为弦；以兰为棘，棘为兰；以奸为忠，忠为奸。美尚嫫母丑燕环，囚尧逐舜放屈原。熊熊大火焚简编，儒冠遭溺口遭钳，丰功伟烈史无前。莫道我诗荒诞，是乃噩梦非人间，请君看画访逸园。

逸园老人挥大笔，丹青再现当年事。或亲见闻或亲历，桩桩件件无虚拟，转觉我诗有不及。巨幅油画张半壁，天昏日暗阴云翳，观画诵诗心如焚，发上指冠身战栗。如闻高音喇叭声，炮轰棒打惊霹雳。如闻“牛鬼”唱嚎歌，心头滴血口称罪。如闻批斗声声大发狂，高帽摇摇按头跪。如闻板带抽打皮肉声，衣裙溅血心肝碎。青天荡荡冷如冰，求死求生两无地。

阴霾已解花已繁，鬅鬙须发已皤然。起居倚杖步蹒跚。早应伏枥胡不闻，狂泉虽塞须清源，劫灰未冷防复燃。愿画成为警世碑，愿诗成为警世篇，愿千泉万泉如喷如沸长涌清泉水，清泉作雨绿千山，清泉灌溉万顷田。清泉作茗天下饮，滔滔不尽万斯年。此景必真非虚幻，仰天大笑笔横天。

2013 年 1 月

雾　霾

重雾塞天地，
阴霾遮日星。
楼高微见影，

车走但闻声。
混沌真无窍，
离娄忽失明〔1〕。
何当生羽翼，
高处看天青。

2013 年 2 月

大　风

中夜大风起，
钬铮远近闻。
撼窗疑虎吼，
卷地似狼奔。
定已阴霾净，
先知晓色新。
伟哉黄帝梦，
巨帚扫乾坤〔2〕。

2013 年 2 月

〔1〕混沌、离娄，见《庄子》《孟子》。
〔2〕野史载：黄帝梦大风，扫尽天下尘埃。

迎 春 漫 笔

养生早已平哀乐，
问老何须记岁年。
醉月尚思春夜宴，
游仙梦逐外星船。
高天忧坠非虚诞，
末日旋临是妄谈。
衰朽幸存唯健笔，
春云百丈作华笺。

2013 年 2 月

怀 念 臧 老

寒雀噪新晴，
垂檐雪作凌。
入门闻朗笑，
就坐沐春风。
题句挥湘管，
高吟听鲁声。
旧游星散尽，
“春鸟”怅孤鸣。

2013 年 2 月

〔**附记**〕昔年每当大年初二，光锐和我必到臧老家拜年，老人兴高采烈，时以山东口音吟咏，还曾挥笔赠字。今光锐卧病，“三友”中剩我一人仍弄笔墨。“春鸟”是臧老的名篇。

答易行友

觅句顿忘老，
临池每放颠。
不随驴转磨，
鸣蛙自一天。

2013 年 2 月

【附】

赠 刘 征

易行

词比稼轩老〔1〕，书如张旭颠。
幽他三百默，不怕笑翻天。

2013 年 2 月

〔1〕指年纪。

题《通讯录》

多年通讯录，累积成一束。
偶然翻翻看，姓名无计数。
或久无联系，尚存古久簿。
或是近相识，大名才入户。
或久更相亲，陈酿味浓郁。
或先亲后疏，不知为何故。
飞燕参差羽，自来还自去。
人生如流水，飘萍散复聚。
以此知世态，如看莎翁剧。
知己虽难得，得一亦已足。
不必列姓名，终生镂肺腑。
翻阅忽停手，自作无声哭。
斯人长已矣，墓草已三宿。
才欲销其名，又想实大误。
仍与众友列，朝夕时一顾。
轻轻拂浮尘，默默如把晤。
风送春寒峭，飘洒丝丝雨。

2013 年 2 月

哭雷抒雁老友

小草擎天地，
乔松竟早凋。
漫漫千里雪，
洒泪送诗豪。

2013 年 3 月

冷　眼

悬牛卖马闹欧洲，
小国煎熬大国羞。
欺在舌尖何足道，
摭其大者几曾休！
佯推“民主”真争霸，
伪护“人权”实掠油。
转觉煎炸滋味好，
横飞导弹使人愁。

2013 年 3 月

次韵奉答沈鹏兄

好游五岳不寻仙，
心似清清涧底泉。
大笔君方叙觞咏，
长歌我自怅风烟。
狂夫忘老犹追梦，
众志兴邦敢息肩。
万古沧桑一片石，
星空无际望思穿。

2013 年 3 月

【附】

酬刘征赠“碧海星天”砚

沈鹏

何求交臂与神仙，
且喜诗思涌若泉。
助我临池通海岳，
慕君落纸散云烟。
文心宁许庸常语，
矢志焉担道义肩？
夜望星天驰旷远，

老来铁砚敢磨穿！

2013 年 2 月

金缕曲 并序

接读老友陈显荣来信，万感交集。显荣和我早年都写讽刺诗，曾同榜获作协的诗歌奖项。上世纪开放搞活以后，讽刺诗曾有兴起之势，而未繁荣即已凋谢，情发乎词。

“画虎”徒劳耳，怅舌尖，俱甘啖蔗，“辣椒”何益〔1〕，侧足当年荆棘路，慷慨书生意气，披赤胆，鞭笞鬼魅。文字激扬终何用？并故交星散无消息。聊城会〔2〕，长相忆。　　峥嵘旧梦寻无迹。问香山，晚年闲适，果何滋味？时作心谈披书史，挥洒龙蛇四壁。欲而已却难而已。征路惊雷挟疾雨，问何曾老却追风骥？中夜起，更挥笔。

2012 年 3 月

咏雪，次韵晓川之作

初春觞咏集京郊，

〔1〕《老虎贴告示》是我的一篇代表作，《辣椒歌》是显荣的一组代表作，均发于《诗刊》。

〔2〕由《诗刊》主持在山东聊城曾举办讽刺诗研讨会。

快雪时晴韵最娇。
万树琼花天下梦，
漫漫诗海涌新潮。

2013 年 3 月

雪中桃花

何曾最美是繁华？
处士邀来五柳家。
一袭冰绡掩红袖，
桃花流水看梅花。

2013 年 3 月

临 江 仙

清明喜雨

北地清明难得雨，朝来喜见纷纷。鹭峰峰顶半藏云，饮茶眯眼笑，知是艺花人。　万朵千枝齐放蕊，小楼掩映花深。湿花如雪扑衣襟。杜郎思酒处，身在杏花村。

2013 年 3 月

题　柳　丝

燕子飞来的时候，
你甘做燕子的秋千。
如果没有燕子
你也能起舞翩翩

在有花的地方
你甘做系花的丝线
如果没有花
你也能绣出春天

壬申四月，雨晨（窗）

〔**附记**〕此二十多年前作，早忘了。当时抄给胡世宗先生，不意此诗尚存，并收在《厚爱》一书中，遂得重见。

2013年3月记

题村壁二首

一

垂髫黄发自怡然，
欺雪含烟花满山。

未许武陵称独胜，
桃花源又杏花源。

二

手机通话笑声连，
一路摩托下暮山，
犬吠鸡鸣时到耳，
依稀留梦旧田园。

2013 年 4 月

坐　花

先生真个卧烟霞，
一角书楼四面花。
时有风来香入座，
不须寻到四娘家。

2013 年 4 月

簪　花

野花路畔笑迎人，
宛似婴儿索抱频。

自叹白头秃露顶，
不胜春色一枝簪。

2013 年 4 月

即　景

绿杨枝外蝶飞回，
二月兰花铺地开。
云自多情偕鸟去，
山如佳句入诗来。

2013 年 4 月

看　山

有处须从无处看，
墨分五色画家禅。
紫蓝青绿烟横白，
笑指门前五色山。

2013 年 4 月

野　梅

山里梅花四月开，
天然雨露不须栽。
羞同桃李争春色，
淡扫蛾眉悄悄来。

2013 年 4 月

夜　趣

云行百幻似仙行，
夜色说清也不清。
墙上睡猫如睡虎，
墙根黠鼠啮声声。

2013 年 4 月

拾 落 花

新绿枝头日见加，
逶迤曲径散云霞。
惜春苦欲留春住，

笑看夫人拾落花。

2013 年 4 月

给幸子[1]

白发真如白雪研，
不须灵药驻华年。
老来风韵知何似？
一树窗前紫玉兰。

2013 年 4 月

恭王府海棠雅集上

听吴钊先生以宋琴弹“梅花三弄”

焦尾千秋古韵长，
良宵细细度幽香。
诗魂欲共花魂醉，
不问春梅与海棠。

2013 年 4 月

---

〔1〕阿龄戏取别名“幸子”；我，“福子”。窗前一树紫玉兰，幸子所最爱。

读诸公海棠诗

麝墨香留韵，
蛮笺绚似霞。
咏花花解语，
落笔笔生花。

2013 年 4 月

题窗前卧虎石雕

怀中抱虎仔，
窗外卧於菟。
狡黠猫牵尾，
悠闲蝶坐须。
锯牙偏解吻，
钩爪不伤肤。
万类同胞与，
山居我不孤。

2013 年 4 月

群　猫

院中有群猫，或奔或坐卧。
或者白如雪，或者黑如墨。
或者披虎纹，或者色杂错。
一猫何肥腯，梳洗很光泽。
俨然公主尊，傲视往来客。
忽而咪咪叫，姣好而柔弱。
原来主人到，抱起膝上坐。
其余流浪猫，退避何冷漠。
叫声很刺耳，目光如箭射。

2013年4月

题 鹫 峰

赋性非凡鸟，
胡为木石同。
当头巢鸟雀，
没爪杂榛丛。
顾盼高云路，
开张大翼风。
飞鸣与时会，

万里气如虹。

2013年4月

南乡子

答赵金光先生

求乐不求成，诗笔逍遥送此生。岂有文章足清赏，平平。撷得人生几许情。　晓日报春晴。山色当门深浅青，石径落花风为扫，欢迎。座上吟声和鸟声。

2013年4月

大觉寺古桧柏

作态拟龙虎，
不才辞斧斤。
无花难引蝶，
布叶避争春。
鸟雀常为侣，
莓苔每附身。
为诗颂“山木”，

略解漆园心〔1〕。

2013 年 4 月

水　龙　吟

大觉寺白玉兰

分明冰雪精魂，飘飘姑射山头下。夜风唤醒，素云初绽，月光轻洒。半掩罗衣，侍儿扶起，华清浴罢。汉宫妃，意态天然，原不受，俗工画。　觞咏曾劳车马。逐春风，尚传佳话。水流云散，花应有梦，雨来一霎。后之视今，犹今视昔，悄然悲咤。碧纱笼，半壁留题，算应是，兰亭亚。

2013 年 4 月

次韵奉和马凯先生雪日读书之作

有味忙中学，
读书似探春。
寒香梅作侣，
傲骨雪增神。

〔1〕漆园指庄子，《庄子》中有山木篇。

昭代开文治，
清风被士林。
何须在泉壑，
大爱即诗人。

2013 年 4 月

凤　凰　岭

轻车沐晨光，来访凤凰岭。
山容幻百态，掩映变光影。
横如卧蛟龙，麟动脊高耸。
纵如立魔怪，云日摩尖顶。
姣若振裙衫，仙娥瞰尘境。
懒若佛卧云，千劫鼾未醒。
叠若书万卷，文字无人省。
利若剑刺天，翠滴血花冷。
风来草木摇，忽觉天地动。
物我两皆忘，唯有诗思涌。
日午饥思饭，野店杯盘净。
妻儿坐一桌，无酒也高兴。
大嚼烤羊排，佐以葱花饼。

2013 年 4 月

沁园春

读《毛主席诗词三十七首》

试谓毛诗，时代强音，高唱入云。览书斋笔墨，未充英气；大风豪唱，却逊斯文。高视潮头，哼诗马上，动地惊天泣鬼神。披襟抱，向九天揽月，挥剑昆仑。　　明时呼唤诗人，喜怒放新花古木春。黑三千白发，谪仙愁解；万间广厦，杜老欢心。吟咏风流，恰当佳日，一骥当先万马奔。须记取，要百花齐放，豪婉兼陈。

2013年4月

题　画

老眼朦胧健忘年，
惊魂往事未如烟。
情真全泯丹青迹，
批斗犹教心胆寒。
厄及一身非所计，
风摧大木虑倾颠。
白头奋笔知君意，
劫火成灰永不燃。

2013年5月

听　雨

荒天几度草青青，
苦雨终风不解晴。
竟是葬花无寸土，
杜鹃啼血自声声。

2013年6月

喜　赋

端午，航天员在“神舟十号”上吃粽子。

学究天人路正遥，
天宫再访作天骄。
“吾将上下而求索”，
笑挽诗神上碧霄。

2013年6月

二度玉兰

夏至之后，紫玉兰二度开花。

人间喜见双飞燕，

天意何妨二度春。
一笑回眸生百媚，
阿娇新着绿衣裙。

2013 年 6 月

卜 算 子

端 午

昔泛汨罗江，爱彼清清水。若是屈原生此时，定舍离骚笔。　　引水灌椒兰，香遍天南北。九派滔滔流碧波，更把金瓯洗。

2013 年 6 月

杜鹃之歌　并序

传说杜鹃是古蜀国一位帝王的灵魂，抱亡国之恨昼夜哀鸣，致口角流血。这传说远在南北朝时期的诗里就出现了。后世诗人咏杜鹃，多沿用此说。如老杜的《杜鹃行》。不采此说者亦皆以鹃声为幽怨之象，无外之者。

今年春夏之交，移居京郊鹫峰之下，花木葱茏，百鸟和鸣，杜鹃之声，特为秀出。杜鹃多飞鸣，听之在西，忽而又东。且昼夜风雨，长鸣不息，天地间皆鹃声矣，察鹃声为四节拍，抑扬有致，与诗律相和。嘹亮而婉转，欢快而深情，殊无哀怨之意。前人妄为诗说，后人妄从之，遂令杜鹃千古蒙不白之冤，早该平反了。

杜鹃非帝魂，实为诗魂，乃以寓言之笔，广杜鹃之音，作《杜鹃之歌》。

开　篇

阴阴夏木绿婆娑，
风清日朗鸟高歌。
如丝如竹为铙钵，
高中低音漫相和。
就中有鸟名杜鹃，
歌声嘹亮而缠绵。
如云百幻如飞烟，
东西南北响周天。
二十四时声相连，
口角流血仍不闲。
我闻鹃歌知其音，
歌中有语诉申申。
“我非巴蜀古帝魂
我歌亦非亡国音。
小说者流谈无根，
误传千年竟至今，
愿借君诗明我心。”

大爱之歌

我爱大地兮我爱群山，我爱碧海兮我爱长天。
我爱花间之晨露兮，我爱林莽之飞烟。
我爱萤火之熠熠兮，我爱草叶之纤纤。
我爱车行如滔滔之流水兮，我爱楼群如起伏之峰峦。
我爱婴儿第一声啼哭兮，我爱万千气象浩瀚之人间。
我爱天上人间之一切兮，我心如火山喷发之熔岩。
愿苦者乐兮，愿忧者欢。
愿失散者如苍鹰之奋起，愿孤独者得如花之美眷。
愿国运抟扶摇羊角而上，奋大翼而冲天。
愿亿万希望之手指，拨动和平之琴弦。
愿一切苦厄永远消逝，愿一切美梦美满而能圆。
我心如海，我歌如泉，
我生虽短，我族则繁，
放声歌唱，岁岁年年。

诗魂赞

我听君歌契我心，
我谓杜鹃是诗魂。
诗魂诗魂即我魂，

同忧同乐歌同音。
愿生羽翼长随君，
飞鸣不息三千春。

2013年6月

夜　步

悠悠桑海指轻弹，
星汉流云漫似仙。
老去姮娥不自惜，
清光仍洒遍人间。

2013年6月

悼程光锐老友

奔马悲忽蹶，
嘤鸣竟息音[1]。
残年谁共咏，
三友我独存。
锦册留题句，

---

〔1〕光锐佳篇《沁园春·马踏飞燕》，臧老及茅盾先生激赏。又，臧老、光锐和我合出一本诗词集，名《友声集》。

红霞共贺春〔1〕。
万期参大化，
生灭等浮云。

2013 年 6 月

读报有感二首

《北京晚报》(7 月 30 日）载《贪腐官的大师情节》一文，读之，如雷轰顶。

一

问卜求神知是谁，
仆公“公仆”为金迷。
狂风不必摧梁栋，
巨蛀穿心更可危。

二

奇闻见惯已平平，
利欲纷纷竟众生。

〔1〕我将臧老书信裱为一册，光锐题诗。又，臧老晚年居红霞公寓，光锐和我每大年初二去拜年。

报纸翻来唯一笑，
惊雷到耳听无声。

2013 年 7 月

怪 石 咏

朔方大漠望无边，流沙莽莽黄入天，杳无鸟迹无人烟。
块然片石来何缘？万古孤卧黄沙间。
苍龙坠地留片甲，云中落珮遗飞仙。
客偶见之大惊异，千里携来归蓟轩。
非金非玉人不贵，色非红紫与时背。
扭曲欹斜不成器，棱角森森令人畏，百无一用合废弃。
盐车莫怪老骅骝，伯乐纵有知何求。
我得怪石心大喜，摩不离手如琳璆。
天然笔架难寻觅，紫端侧畔置案头。
鼠须健劲羊毫柔，架上昂首如龙虬。
纵情挥洒放且收。
助我大漠风沙气，神行八表恣遨游。

2013 年 8 月

南 乡 子

看电视直播角马群迁徙横渡肯尼亚马拉河。

横渡马拉河，角马迁徙百万多。直面爪牙无反顾，腾波。一曲惊天生命歌。　　人类问如何？自欲飞天自网罗。销尽黄金都铸造，干戈。高唱和平却不和。

2013年8月

咏　史

一

铁马金戈未是雄，
高才旷世悍然宫。
汉皇略比秦皇好，
尚许留书太史公。

二

诗史巅峰属李唐，
推因一事甚昭彰。
放笔不闻文字狱，
本朝臧否议明皇。

三

三千年上七雄出，
今日环球大战国。

霸主纷纷霜后叶，
利兵坚甲不如和。

2013年8月

秋兴二首

凉风飒至，逸兴遄飞。非宋玉之兴悲，殊少陵之咏叹，感怀家国，放眼尘寰，笑对过隙之驹，飞作冲霄之鹤。

一

岁岁重阳今又逢，
苍天阔野点霜红。
崚嶒铸铁寒山骨，
浩荡惊涛古木风。
未许悲愁入辞赋，
还从秋气乞奇雄。
人生无尽登高路，
奋步犹堪拄短筇。

二

极目人寰秋兴浓，

春光难染万山红。
槐安轩冕终为蚁，
力驾波涛始是龙。
行矣飞鞭云月路，
快哉解愠庶民风。
为山更运移山手，
亿万黄金筑大同。

2013年重阳

题　赠

白莎女士以所书《红豆曲》册相赠。隶法精严，有汉简遗韵。女士未曾相识，而喜《红豆曲》如此，感人之深。为诗题赠。

老写传奇别有情，
人间天上祝双星。
一篇红豆千重浪，
如练澄江见月明。

2013年9月

【附】白莎女士来函

尊敬的刘先生：您好！我寻找先生已经很久了。前几日和您通电话很高兴，激动之情在脸上绽放光彩。2002年9月6日在《郑州晚报》上看见您写的《红豆曲》，特别喜欢，裁下来夹在词典里。那时就想写成书法作品永久保存。十年后，2012年正月廿始动笔，一气写完了二十八条屏书法作品，今寄去敬请指教。

2013年9月12日白莎于郑州五乐山房拜祝先生健康平安

答沈鹏老友

不见沈君久，得书乃大喜。
咏诗知安善，稍安勿叹息。
应有大作为，康复不远矣。
来春渭水湄，觞咏共君醉。
适逢重阳节，金风壮筋力。
待君挥健笔，一健除百疾。

2013年9月

【附】

八三感怀

沈鹏

正遇文王渭水边[1]，
犹应小有作如年。
白衣天使面朝夕，
秋月临窗望欲穿。

---

〔1〕传姜尚八十三岁遇文王。

秋 虫 二 首

蟋　　蟀

夜深床下一虫鸣，
如许秋心如许情。
趋暖乍辞苍藓砌，
相亲来傍老书生。
也知潦倒无多日，
不息殷勤促织声。
我有情愁与君共，
梦中酬唱到天明。

蝴　　蝶

寒雨初晴日色微，
徐回老翅欲何归。
小园花落香消尽，
老树霜侵叶已稀。
婉转欲言还脉脉，
飘摇去远复依依。
为君一曲歌梁祝，

无限情天自在飞。

2013 年 10 月

悲　感

旧时同事，逝者日增，存者日稀，近又闻报，不胜悲感。

闻报难禁老泪垂，
一身后死转多悲。
秋风故故添萧瑟，
白蝶时兼黄叶飞。

2013 年 10 月

窗前月季花

晨光淡洒雾朦胧，
爱尔窗前月季丛。
不必东篱访黄菊，
一枝红艳笑秋风。

2013 年 10 月

题银杏叶

黄金铺地真盈寸，
老干穿云欲没天。
转觉霜红失自我，
但将秋肃效春妍。

2013 年 12 月

题一民《阿 0 新编》

画“文革”中形形色色多幅，皆画家所亲历或当时见闻。

老去山居尚览寰，
难忘举国饮狂泉。
摧肝裂胆千行泪，
莫认荒唐作笑谈。

2013 年 12 月

穿长衫，自嘲

诗人莫道是“三九”，

笔力犹堪雄万夫。
偶着长衫还自笑，
咸亨酒价问何如。

2013 年 12 月

猫　　趣

中午阳光暖，
窗前见卧猫。
斑斓作虎色，
婉转似娃娇。
困眼开还合，
抬头唱作喵。
不知竟何故，
一跳忽奔逃。

2013 年 12 月

题“绿扬笺谱”

天然清水出芙蓉，
写向云笺淡似浓。
太液池边十竹月，
瘦西湖畔绿扬风。

2013 年 12 月

水调歌头

嫦娥抱玉兔登月成功。喜讯传来，浮想联翩，悠然入梦。一个虽然遥远必将实现的更美丽的梦。

古梦已实现，新梦更追求。坐我彩云一片，缥缈月宫游。无论黄棕黑白，都是兄弟姐妹，知爱不知仇。有女皆环燕，百岁不白头。　听那边，导游女，话温柔：先民有大智慧，愚昧却遗羞。征战自相杀戮，血染千秋史册，兵器有遗留。闻此霍然醒，却见月如钩。

2013 年 12 月

金缕曲

扫桥爷爷名窦珍，自愿清扫一处过街桥，十年如一日。今年八十七岁，不幸坠桥去世。

桥架横空道。默无言，十年寒暑，风天雪晓。白发满头年望九，日日辛勤清扫。却不愿安闲养老。目送轻松来去客，纵手生老茧心头笑。步匆促，悲失脚。　眼含热泪奔相告。看义工，随身箕帚，纷纷来了。微火暖人不自暖，天下好人多少。信浩气存于微渺。千里莺啼花似锦，问何方最是春光好？遍大地，青青草。

2013 年 12 月

杂　　项

杂拌儿三十一首

一时一事之偶想偶感，信口哼之，信笔记之。不拘守格律，不夸饰词藻，喜怒并作，庄谐杂陈。诗成，也不调整次序，就捧出这一堆杂拌儿飨读者，也许别有一番滋味。

吃雀皮肘子

养颐华严里，
安闲乐事多。
芝麻花老店，
有肉胜东坡。

品　茶

茶中有白云，
茶中有碧海。
茶中有七弦，
茶中有平仄。

鸟　巢

万金建鸟巢，

鸟去巢空久。
面子大增光，
而今成刍狗。

中秋对月二首

一

白发对秋月，
月笑发婆娑。
人生半轮月，
今古一长歌。

二

平生最爱月，
岁岁咏中秋。
明月不摇头，
却也不点头。

书黄鹤楼诗，有怀

贼星危顶压，
岛链势封喉。
逐浪心潮涌，

谁登黄鹤楼。

斥　霸

霸主霸天下，
恐龙巨无霸。
霸也有一怕，
就怕人不怕。

大　风

秋高风怒号，
广厦安如山。
杜老胡不寐，
更有忧百端。

我　生

我生问何似？
非智亦非愚。
既难得明白，
又难得糊涂。

自　　嘲

白发像秋草，
视力近乎眇。
依然忧亦多，
人老诗不老。

一位休养员

面似怪石皴，
身如古树干。
眼角余雄风，
一生经百战。

重　　阳

高天暗风雨，
大海伺鲸鲨。
劝君登高望，
莫恋眼前花。

梦（记实）

远归忽迷路，

荒山高下奔。
同梦百十夜，
终未到家门。

灯

湿风旋落叶，
暮雨暗苍城。
顿觉心头暖，
为见万家灯。

诗　价

诗价问几何？
珠玑莫自比。
李白说得好，
不值一杯水。

变

变化无停息，
万象多流水。
从变看宇宙，
沧桑实大美。

读《桃花源记》

我爱陶彭泽，
不只见南山。
愿起天下人，
共建大桃源。

北海赏菊

不采东篱菊，
来观北海花。
清秋餐秀色，
佳气满京华。

暴雪

风挟千万蝶，
飘飞一色白。
喜煞园中菊，
疑是为花来。

读太白诗

我爱谪仙人，

高旷不可及。
呼来造化儿，
兴作迷藏戏。

读刘叉诗

晚唐爱刘叉，
冰柱铮铮挂。
狂吟平野间，
诗胆天来大。

赤 壁

大苏泛赤壁，
嫂子真给力。
捧出所藏酒，
还有花生米〔1〕。

霜叶二首

一

造化爱热闹，

〔1〕“花生米”何据？答：想当然耳。

不甘秋气清。
一夜挥大笔，
千山列画屏。

二

夏绿秋变红，
风中悬一叶。
欲坠却复飞，
翩翩化蝴蝶。

读增山文有得二首

一

有我与无我，
小我与大我。
无我即无诗，
看是什么我。

二

古代有屈骚，
当代有毛诗。
小我与大我，

相融两不知。

蓝宝石有感

发现于印度的一块巨大蓝宝石，举世无匹，被命名为“希望”。五百年间，为争夺此宝，数十人死于非命，包括国王、公主、权贵等。现陈列于美国一家博物馆。

蓝宝名希望，
希望问何在？
安得众手捧，
我爱你也爱。

忌　恶

爱愤从中来，
老怀偏忌恶。
中夜不能寐，
笔端喷烈火。

我

俯仰天地间，
万象何戏赫。
此身不孤单，
万象中有我。

有　　感

霍霍磨刀声，
劫灰冒火星。
焉能忘薪胆，
切莫作骄兵。

遐　　想

宇宙天末日，
人类得永生。
时空本无限，
多少地球星。

“诗词自由谈”请柬

长夏溽暑，想快雨之清凉。世务纷繁，爱丝竹之雅韵。兼此二者，莫过于谈诗。吟坛硕彦，自出珠玑。如切如磋，开襟畅叙。不拘礼数，同是诗人。自由发挥，无非诗话。歌盛世之风华，效山阴之觞咏，信可乐也。佳音奉闻，先生必携大作。惠然肯来，定洁樽以待。

寓言诗二首

王冠上的珍珠

古代一位王子，确实有些淘气，
异想天开，想让权势和真理角力。
偷偷取下王冠上价值连城的珍珠，
用一颗貌似珍珠的鱼眼睛代替。

登基那天，王子坐上了九龙宝座，
接受文武百官三拜九叩的朝贺。
新国王传旨众臣工各抒己见，
说说王冠上的珍珠成色如何。

宰相感激涕零，白须微微发颤，
说他访问过万国的珍珠展览馆，
还曾上访天庭参拜玉帝，
见过他冲天冠上的珍珠，神光闪闪。

“臣知道，陛下厌听奉承话，
可老臣秉忠心一定要直言。
那一切珍珠都像萤火暗淡而微小，
只有您王冠上这一颗如明月中天。”

大将军撩起金甲躬身施礼，
说他曾下到深海的龙宫游览，
亲眼看过老龙颔下的夜明珠，
还有鲛人眼泪变的珍珠情意绵绵。

“可是，陛下，臣是一介武夫，
允许我从安全的角度进言，
那一些只能带来天灾人祸，
只有您这一颗能致国泰民安。”

走来一位书生，冠切云之崔巍，
“你们为讨好当今，公然颠倒真伪，
那王冠上的分明是鱼眼睛，
惨白惨白，还带着死鱼的腥气。”

书生的话引起满朝文武哄堂大笑，
将军笑丢了佩剑，宰相笑掉了纱帽。
无知狂徒，本来罪不容诛，
法外施仁，关进疯人院，进行终身治疗。

于是，最权威的珍珠学专家敬谨奉命，
写出上万篇关于珍珠的专论，
用无可辩驳的论据和严密的逻辑论证，
证明王冠上的珍珠为一切珍珠的顶级之星。

于是，一座高耸云霄的珍珠大厦不日建成，
一次规模宏大的展览，展出数以亿计的鱼眼睛，
那真正的珍珠通通被抛进垃圾堆里，
连孕珠的老蚌也都被扣上造假的罪名。

开幕那天，恭请新旧国王剪彩，
国王虽有些不安，但是仍然准奏，
心想，朕乃上天之子，朕即真理，
钦定鱼眼睛是珍珠，就是铁案铸成。

从此，鱼眼睛缀上三千佳丽的凤冠，
鱼眼睛嵌上文官的玉带，武官的佩剑。
可惜偌大的帝王国里没有一颗真正的珍珠，
只多了不少瞎眼的大鱼无声的悲叹。

至尊至上的宇宙之父啊，在您面前，
人类的任何权势都只如电光瞬间一闪。
而珍珠是珍珠，鱼眼睛是鱼眼睛，
自荒古到而今乃至未来，永不改变。

美的究诘

众生都已创造出来，上帝满怀欣喜，
抹去额头的汗水，呷一口冰啤。

为了遮蔽他们裸露的身体，
应许赐给他们毛羽，顺遂各自心意。

孔雀飘飘下拜，倾诉急切的心情，
“主啊，我把外观看作第二生命。
我要无比美丽，堪比天女散下的花朵，
我要无比灿烂，超过秋夜闪现的繁星。”

“我要做选美的冠军，让百鸟拜伏，
我要做鸟中的皇后，代替昆仑的彩凤。”
上帝动动发光的手指，孔雀立刻如愿以偿。
至今高视阔步，披一身华丽的翅翎。

接着，老虎在上帝面前拜倒，
故意细声细气，不敢大声咆哮。
“主啊，您既然封我为百兽之王，
还不曾赐给我威慑山林的外表。

我要在额头印一个大大的王字，
我要用黑色的条纹绣满黄袍。”
上帝动动发光的手指，老虎立刻如愿以偿，
百兽见了他都匍匐在地，叩头求饶。

天鹅，麋鹿乃至一切众生，
感谢上帝的恩赐，各自如愿。

人，最后走来，向上帝深鞠一躬，
他无须过分谦卑，是上帝的亲眷。

“诸般生物的服饰固然无比灿烂，
可是，他们永远固定的一种花样，很不好玩。
我要孔雀的华丽，老虎的威猛，一切种种，
我要有千万花样，可以随心变换。”

上帝暗自吃惊，感到人的贪婪，
可是，慈悲的上帝还是让人如愿。
他教会人类制造五光十色的服装，
还绣上团龙舞凤，缀上玉佩金环。

天地之间，一切众生之中，请你留神，
外表能变化样式和颜色的只有人。
人不愧为万物之灵，天之骄子，
在众生眼中，神就是人，人就是神。

一次众生选美大赛有这么一项规定：
拒绝一切外在装饰，要展示身体本真。
裸露的人体引起全场鄙夷的眼光。
切莫问比赛的结果，令人伤心。

落木千山天远大　澄江一道月分明

——黄君《鉴斋诗词选》序

诗文书画，少数人于此道有特殊的灵性。年富力强之士可以大有作为，而具此灵性者十不一二。具此灵性又从事此道，能不逐流俗、自甘寂寞、奋力以求者又十不一二。平生所交朋友中，若是者数人而已。黄君先生居其一。

黄君甫及中年而才艺大展。工书法，不慕时尚书体，酷嗜晋帖，毕力临习，沉酣寝馈，临《十七帖》至百余通，故其书沉厚而清逸，大有晋风。而君自以为未足，千里之行谓才跬步。墨池笔塚，无稍倦懈。

君更酷嗜吟咏，于攻习笔翰同时，倾心于诗律。墨韵诗声，相融相济，其益两收，其乐无穷。近二十年间，写出了大量诗学论文，编写了大量诗词书刊，同时创作了千余首诗词。超人之成果显示超人之精力，超人之精力显示超人之勤奋，超人之勤奋显示超人之才气，令人惊叹。君无浮躁之所，有挚著之功，于浮云飞絮到处飘舞之中，其特立独行如此。这个集子，就是他自选而成的。

其诗，任性情之所之，充满生气、朝气，时有非学所致的逸气，比那些十分成熟却显得有些陈旧的迥然不同。且看《登高》：

乘得东风托柳烟，寻春快上凤凰巅。
花繁入眼皆红绿，鸟语怡情胜管弦。
一水环城城照影，四山如画画争妍。
钟灵秀色催人紧，莫使韶华负此川。

自然流畅，毫无雕琢痕迹，绘出一幅美丽清新的春景图画。再看《蝶恋花》上片：

昨夜西风端凛冽，入我枫林，割下枝头叶。落地殷红都是血，松杉偃仰齐呜咽。

写红叶的诗词很多，却不曾见过如此笔墨，空无依傍，大胆地写出自己的感受。但切莫以为写的是伤感情绪，不是，写的是深沉的爱，对爱的渴求和期盼。

同情弱者是诗常见的主题。在黄君笔下却从新的角度写出新的形象，且看《小景》：

扁担弯弯背弯弯，百斤柴禾出深山。
可怜价格低廉甚，直立腰身总是难。

妙在非刻意求奇，妙手偶得，有深厚民歌味。诗人渴望这个砍柴者能够很快地直立腰身，舒一口气。

黄君不是检点秋天果园的收获，而是正在金鞭打马，意气风发地奔向灿烂的未来。他说

艺入精微长寂寞，此情不与俗人言。
东坡卷尾留三尺，欲待知音五百年。

过人的才气加过人的勤奋，远不用五百年，卷尾留纸怕是三丈也不够了。

黄君，宋代大诗人、大书家黄山谷之苗裔。他在赴广西宜州拜谒山谷之墓时，曾痛哭流涕。探君之志高且远

矣。落木千山天远大，澄江一道月分明。是为序。

2008 年 1 月，于京门之蓟轩

我和杂文

从小到老，我一直写诗，写新诗（主要写寓言诗讽刺诗），写旧体诗。写杂文是拨乱反正以来的事。粉碎“四人帮”，我如同孙大圣翻掉压在身上的五行山，异常兴奋。写诗嫌不够，便弄起写作比较方便的杂文，《人民文学》发表我的《上纲法》，也许可以看成我杂文生涯开始的标志。尔后几十年间，写了几百篇杂文。写，自然免不了想，想想杂文是怎么回事，想想当代杂文该怎么写。

在我国，杂文是古已有之的。唐朝韩愈、柳宗元及陆龟蒙的笔下，都有过相当完美的杂文。历代文人著作中列出的“杂说”“杂著”等分类项目大都是杂文。不过，优质的杂文大批出现使之成为一种主要文学样式，是在我国上世纪上半叶，主要代表作家是鲁迅。杂文体式，文学史上一般称为“艺术性论文”，以往的杂文确是以论文为主要形式。我却以为，其体式也不妨“杂”一些，迅翁的杂文中曾运用多种体式。我的个性是不安于率由旧章，总想弄点儿新的。创新不易，而创新是一种极大的快乐。朋友们称我的杂文是“怪体杂文”或“怪味杂文”。最初这样写，并非刻意求怪，只是觉得好玩。

我尝试写微型杂文（杂文诗）受到泰戈尔的影响，使杂文与短诗嫁接，每篇是寥寥几句，使之尽可能尖锐而有诗意，引人深思。这种微型杂文，写成近三百首，曾想单独成书，未果。我仍钟情于这种微小东西，但再写却总也写不成。

我尝试过杂文与戏剧的结合，写得比较多的是“杜撰曲”，即以散曲、套曲的体式写杂文。这是受迅翁《曲的解放》的启发作起来的。诗词界有的朋友致力于曲的创新，写“自由曲”取得很大成功，获得诗界的赞誉。我写“杜撰曲”的目的，却在于给曲和杂文牵上红绳。“杜撰”之名，即表出几许诙谐，游戏而已。不遵守曲的写作规则，只要求较多的曲的滋味，骨子里还是杂文，也可以归于杂文味的诗。这是不重要的，读者读之，于苦涩的笑中获得某种启示，这就够了。先后写了几十首，大都在《人民日报》上发表，有的朋友戏称我是写“杜撰曲”的专业户。最近写了一篇“鬼话”，发表在《中华诗词》上。我尝试写说说唱唱式的杂文，写一段故事，配上一首小诗，形同民间曲中的大鼓书和弹词，别有情趣。《上纲法》就是这样一篇，后来还写过多篇。当时《人民文学》主编对我说：还可以写得丰富些。想一想，确实还大有可写。“无限上纲”是“左”氏整人的主要荒唐逻辑。记得一位参加过长征的老同志曾说，左倾路线中，吐一口痰即可能成为反革命。我的那篇小文不足以砍倒这棵罪恶之树。切盼有大手笔将这树连根拔起。

我尝试写寓言体杂文。新诗方面，我主要写寓言诗，产生过较大的社会影响，写杂文自然也会同寓言联系起来。我的大部分杂文，有的就是寓言，有的带有寓言味道。寓言诗是一种虚拟的文体，“涉幻成趣”，是发挥奇想、妙想、幻想的最自由的土壤。这，正投我的脾气。

于先秦诸子中，我最爱读《庄子》，因为其思路和章法，天上地下，说什么也捉它不住。迅翁的杂文，我最爱读《故事新编》，不少奇思妙想，荒诞绝伦，而丝丝入理。我的杂文中烦劳庄周先生出场的有好几篇，《庄周买水》是其一。还有一篇《庄周和髑髅》，我自鸣得意，可惜知者不多。《故事新编》式的作品，最近就有一篇《汨罗之梦》，近日可发表。

我喜欢以故事写杂文，却也写过不少论文，有的颇有所考据，俨然学识渊博，其实只是围着一个问题广泛搜集，用以补谫陋之不足。

吾老矣，虽然文兴未减，总有力不从心之感，如同活着要呼吸一般，我这辈子是离不开舞文弄墨的。

2011年12月26日

大葫芦歌（旧作）

去冬老友一民赠我大葫芦，戏作此诗。

秋风袅袅入山居，葫芦架上结葫芦。

主人自种不自有，择其大者遗蓟庐。

我谢为诗说糊涂，君复画赠葫芦图。
画上题诗何旷达，管他糊涂不糊涂。
即当大雪雪却无，云凝日冷风呼呼。
斗室温暖饶春意，案头壁上两葫芦。
杯中花雕盘中蟹，口福眼福多欢愉。
叩葫芦而歌曰：
葫芦糊涂兮，糊涂葫芦。
醉而呼噜兮，醒而糊涂。
我非大智兮，难得明白。
我非大痴兮，难得糊涂。
吁嗟此生兮，一大葫芦。
糊涂明白诚细事兮，曾纤尘之弗如。
羡尔葫芦如怀抱清虚，
熙熙二老兮，骨健心舒。
能歌能笑兮，能画能书。
能吃能睡兮，能种葫芦。

忧　天

——从太湖陨星说开去

报端披露：有确凿证据表明太湖原是一颗陨星砸成的大陨坑。世称太湖三万六千顷，好家伙，多大的陨星啊！该是什么年月的事？曾造成多大的灾难？我尚未闻，只好不知为不知了。

想来女娲炼石补天的神话，不是先民凭空的玄想。天上飞来大大小小的陨石绝非太湖一处，给先民的印象是天空乃石头构成。有石块破了，自然有石块坠下，补呢，自然要石头飞上去。

陨星造成的灾难好生了得，恐龙灭绝的原因，说法不一。一说是陨星所致，还在太平洋底找到一个巨大的陨坑。科学家描述了一幅世界末日的恐怖情景：6 500 万年前，一颗巨大的陨星撞击地球，尘埃和水被激上数万米高空，遮蔽了阳光，包裹了地球。这些东西落向地面，产生千度以上的高温和冲击波，地球变成一个大火球，相当于百万核弹同时爆炸。地球上一切生命都遭毁灭（地表深层和海洋深处的微小生命除外）。据说如此浩劫，此前已发生过四次，这绝非最后一次，让人不寒而栗。

看，来了！据测定，一颗命名阿波菲斯的小行星正向地球飞来，二十多年后可能与地球相遇，但那几率只有几十万分之一。科学家已设计出多种方案，将它炸碎或令它改道。现代人的智慧以及掌握的高科技手段，做到这事并非奢想。您完全可以放心。

由此想到《列子》里杞人忧天的故事。“杞国有人忧天地坠身无所寄，废寝食。”两千多年来拿杞人当“庸人自扰”的愚者典型，那嘲笑的唾沫几乎填满了大海。可是今天看来，杞人是上古真正的先知，应该用举世的黄金给他铸像，向他顶礼膜拜。原来天是最可忧的。人们对真理的认识，竟然用了两千多年，而且今天的认识也是相对的。

看，又来了。这回是迫在眉睫。由于人类的工业文明，过分排放二氧化碳，致使地球变暖，眼前已产生若干不良反应，远景更加不堪设想。对付它的唯一办法是减排。减排，谈何容易！要使高的、矮的，肥的、瘦的，先已吃肥排泄多的和后之来者排泄少的，能够公平、公正、合理地减排，真是有些难于上青天。佛经里有个故事，说是有一处豪华宅院，四周烧起大火，熊熊的火势即将把宅院吞灭。里面的人却仍在弹唱歌舞，浑然不觉。如今大火并未燃起，只溅起几个火星。现代人类深知，如不防患于未然，因各怀私利不能风雨同舟，那么，从长远看，地球上一切生命都会在地球这个大焖炉里遭受煎熬。

不，是不可能的。

人类有足够的智慧自救，并拯救地球。上青天也好，那就造个天梯爬上去。各方都同意的减排措施一定能焕然出世。

商定的时限只有一年，全世界期待的目光是祈求，是祝祷，也是严命。

新石头记

我们的老祖宗是极富幻想的，幻想赋予顽石以生命，变得有情有义，神通广大，演出许多感天动地的活剧。《淮南子》载：远古之时，天塌地陷，于是“女娲炼五彩石以补苍天，断鳌足以立四极。”后世，断鳌足的事很少提起，炼石的事广为传诵，我以为，写得最好的是迅翁的《补天》，瑰奇伟丽，匪夷所思，且富于现代意识。

女娲古书上说是人首蛇身的怪物。我曾参观南阳汉墓石刻，确实如此，记得还买了一张拓片。不知从何时起，她变成女性了。在人们心目中，她不是神，是人，而且是女人，是诞育生命，消灭塌天浩劫的一位伟大的母亲，显示出以大爱融合天下的思想。

女娲虽然神通广大，小事却未免疏忽，不留神一块补天的石头遗落在地上不知沉睡了多少年月，被清朝一位文学大师——曹雪芹拾得，写入了他的大作《石头记》，它无才补天，却成了掀翻祖宗华筵的混世魔王。大师拿石头作引子，却也不是妙手偶得。公与石也是有因缘的，苏州的一所中学传是当年清江宁织造旧址，大师在此度过童年。那庭院中有个池塘，塘边树着一块太湖石，叫“瑞云峰”，是苏州几大名石之一。我曾去访问，但见那石高丈余，瘦透、漏皱，玲珑而雄奇，如有烟云出没。想年幼的雪芹，必常来池边玩耍，构思红楼之时，必常对石想入非非，虽无实据，却在情理之中，石头自幼已印入脑中，创作灵感油然而生笔下。

而今收藏很时髦，收藏奇石也火起来，我爱石，也收藏，可是路子与众不同。我喜欢东游西逛，走到有意思的地方就捡一块石子或瓦片带回来留作纪念，国内国外，纪念物已积攒不少，有的自以为很珍贵的。如早年在圆明园的瓦砾堆中拾得一片断瓦，瓦面上的黄色琉璃釉，恰好构成一个宫女头像，为藏品中的精品。可是最近得到一块不起眼的碎石片，这石片堪称群石之冠。

话说三子刘是两度到汶川充当志愿者。50 岁了，还有一颗年轻人火热的心，我曾写诗鼓励他。有一回他开车跑在山路上，适逢余震，山体滑坡。一块飞石坠在路上，碎片四溅，有一片砸在车顶，我的这片石片，就是他拾回来特地给我的。吾老了，只能用笔呐喊几下，不能亲到灾区，做些实事。这石片通体雪白，但如同在渗血，在喷出烈火，我感到心灵的震撼。也许是大地震的一角凝固而成的。

夜深人静，默对此石。我想这小小的石片承载着多么沉重的分量啊！它要告诉世人的太多太多了。我想乞灵于女娲的神力与曹氏的大笔，赋予它的传奇生命……且住，发生了什么，我揉揉眼睛，分明不是梦，但见书房中的一切东西都已淡出，那石片长大起来，一会儿长成一座高大的石头山。正在诧异碑上看不见一个字，却又像有千千万万个字，转念一想，有这块通天柱地，坚不可摧又洁白如云的一块岩石昭告世人，传之子孙，也足够了。

我忘乎所以，手舞足蹈，放声歌唱。天地万物一同唱起来，如洪钟，如大鼓，如万虎吼。应着节拍，一切在飞旋，我也飞旋其中，白发变为飞旋的白色流云，不知何时宁静下来，不知东方之既白……

诗　祭

恭逢杜甫诞辰1300周年，谨献诗为祭。我的大半生中，诵习杜诗较多，杜公之为人，对我影响也较大。一直想拜谒杜公之墓。杜墓有二，一在他的老家巩县，一在平江。二者哪是衣冠冢不重要，“祭如在”可也。拜谒巩县杜墓，有几次机会，均未能成行。常系念于心。车过巩县，有诗曰：“过墓难为鸡酒奠，诵诗曾许济时身。何曾怅惘千秋隔，抚卷长如师友亲”。平江杜墓，我有幸一谒。2008年秋，杜墓及杜祠修葺竣工，举行典礼，我应约参加，向杜墓行跪拜礼。近墓处，有杜家村，居杜公之后裔，族人相赠一竹制笔筒，上刻杜公洞庭湖诗。现置案头，虽万金不易也。平江乃汨罗之上游，实为一江。屈杜两大诗人，身后为邻，其天意乎！杜公怀李白诗曰：“应共冤魂语，投诗赠汨罗”，竟为诗谶。

那时写了一文二词，抄一词献祭。杜公杜公！公如有知，定爱我倾慕之精诚，而谅我文辞之稚陋也。

沁　园　春

平江谒杜甫墓

怅望千秋，飒飒霜枫，湛湛汨罗。想乾坤战血，孤舟漂泊；天涯涕泪，伏枕悲歌。天意怜才，遣邻屈子，共话诗骚意若何？低徊久，听松篁交响，犹似吟哦。　诗人苦恋山河。尽沥血剖心未觉多。怅太仓初实，偏多狐鼠；芳林始辟，待剪虫蛇。继伍前贤，高歌当代，射斗龙光故剑磨。倾卮酒，酹一江清泪，涌起洪波。

《龙吟集》后记

辑今年的作品一百多首为一集，命曰“龙吟集”。今年是龙年，故名。非拙作有虎啸龙吟之气也。友曰：“你年已望九，创作还如此勤奋，太辛苦了。”其实是有乐而无苦。一是我写诗已成积习，老而诗兴未减，几天不动笔就感觉空落落的。再是有老伴相助。她给我一个和谐舒畅的写诗环境，激发我写诗的灵感。我得以驰骋想象，保持超然物外的心境。她是我第一个读者，提意见也毫无顾忌，时或讨论甚至争论，乐在其中矣。以诗养老，别致而多雅趣。

小龙年即至，我们拟出游踏青，亦为寻诗也。

作者

2012 年 12 月

后　记

李阿龄

刘征酷爱文学，过去只是在工作之余搞些创作，时间久了，也积累了一些小册子。离休后，时间自己安排，对文学创作可以说是松了绑。到现在所得作品合起来约有四五百万字，辑成了《刘征文集》共八卷。作为他的妻子，我理当是他的助手，参与了抄写、打印、编辑等工作。八卷本摆在面前，思绪万千。60多年创作的成果，凝聚了他的才华、智慧和灵性，饱含了他的忧和乐、爱与恨，也融合了我俩的情感。“他写作我相助”的过程中发生了一些小故事，是我们生活的真实记录。

买　砚　台

他热衷文学创作，兼爱书法，因此，喜欢藏砚。他69岁时，我为他“庆九”，寻得一方珍贵的清代端砚为寿。他非常喜爱，认为“情珍砚也珍”，故而起名“双珍砚”，并题诗为记：

忧患平生未祛痴，晚晴潇洒共栖迟。
眼前白发相依日，心底红颜热吻时。
玉晕青涵春水月，花肤紫透夕阳枝。

感君不作婵娟詈，松麝凝香助咏诗。

1995 年 6 月

我为他提供了诗材，激发了他的诗性，才写出这么一首好诗。其中第五、六句是描写砚石上种种珍贵的砚品。结尾两句表现了我鼓励、帮助他写作，使他很开心。

另一次购砚，更有趣。2000 年元旦，我们正在广东过新年，离肇庆很近。去端砚的老家参观，购买砚台，这是老伴儿多年的梦想。进得砚厂，看到展台上陈列的都是端砚精品，他乐不可支。首先跃入眼帘的是一块老坑端砚，有多种砚品，他称赞不已，但看到标价后，却不动声色地转而去看另一块。不说我也明白，他是因这方砚台价钱高而放弃。他平时没有什么嗜好，生活比较俭朴，眼前是他梦寐以求的心爱，我怎忍心让他失望。价虽高些，但物有所值，我立即背着他交了款。那边他选了另一块砚，还和我讲“这块也很好”。到宾馆打开包装，他才发现了这个秘密，欣喜若狂。此砚被命名为“古松砚”。他自制砚铭，并请雕砚大师黎铿先生镌刻。铭曰：

千年之交，新纪始更，得诸端州，水岩之英。

老宜投笔，无闷无争，对兹紫云，心澜顿生。

嬉笑怒骂，欲罢不能，研兮研兮，我爱我憎。

铭者刘征，赞者阿龄，镌者黎铿。

2000 年元月

学 电 脑

老伴儿写文章有个特点，成文后一定要放进抽屉内三五天或更长些时间，取出再加推敲，少则改写字句，多则大段大段删改，如此修改有时还不止一次。他这种认真严肃的做法，我非常支持，也一遍一遍地认真把稿子誊写清楚。但这样费时也费力，由此促使我想要学电脑。当时，我已 69 岁，要学电脑，儿女们认为这是想入非非。没人教，我就去电脑培训班学。不想，连去三处，都因年纪过大被拒绝，只好看书自学。朋友说学电脑要动手摸索，亲自实践。于是，我开始了艰苦的盲人摸象过程。有时一天要学七八个小时，拦路虎一个又一个。但克服一个困难，就多一点儿认识，终于在第 12 天，我独立打印出了一篇小文。老伴儿鼓励我把学习心得用电脑整理成文，且字形排版、字号都要合乎标准。后来，写成一篇《年近古稀，学电脑》发表在报纸上，朋友们看到后都不胜赞叹。从此，老伴儿写稿，我用电脑打印，不怕修改，十分方便。而且在反复修改中不断增加使用电脑的能力和乐趣。新年到了，我用电脑自制贺卡送给朋友，还特意给老伴儿做了一个反映我们生活的“六福图画”。彩色的、有着别样情趣的新年祝福卡悄悄放在书桌上，给了他个惊喜。他非常高兴，作了一组“新年读画诗”。其中第三首：

互　助

近年伊学会使用电脑了。我高度近视，伊为我打印诗文，既雪中送炭，又锦上添花。老有所乐，乐在忙中。我们仍如马未解鞍，没有离退的感觉。书斋蓟轩，不亚于一个小小的诗文作坊。

伊能电脑打文章，我草新篇短复长。

老骥何曾真伏枥，蓟轩浑似小作坊。

只是近年因我身体问题，不宜久坐，打电脑的事只好求助朋友帮忙。

学　跳　舞

我爱好跳舞，上世纪 80 年代大兴跳迪斯科，交谊舞也跟着抬头了，这些成为了公园晨练的一道风景。我是跳交谊舞的积极分子，朋友多，玩兴高。但不久，因搬家人生地不熟，跳舞也就作罢了。老伴儿最懂我，一天，他突然说："我做你的舞伴，舞还得继续跳！"他对跳舞毫无兴趣，做舞伴谈何容易。但他的真诚感动了我。我们去交谊舞培训班学习，班里多是青年，只有我们两个老人，老师和同学对我们都很热情。他举手投足都极认真，多次受到老师表扬。此后每天早晨我们在公园参加集体活动时，什么规格的舞会他都不怯场，舞曲一响，立即起舞。舞姿虽算不得优美、潇洒，但做到了规范。他真成了我的好舞伴，以至后来舞兴胜过我。老伴儿学跳舞在朋友间传为佳话，他们说这是夫妻情。实际上，跳舞更大的收获是丰富了我们的生活。每天早晨跳舞健身，精神愉快，回家后精力充沛进行写作，其乐无穷。有老刘的诗为证：

学舞戏作

衰迟偏学舞蹁跹，有味清欢未觉难。
一曲蛮歌趋缓节，三挝羯鼓作胡旋。
老妻伴舞怜衰鬓，好友相嘲破笑颜。
去日几多君莫问，明朝七十欠三年。

1992 年尾

我们生活中的乐趣还有很多，比如旅游，我们去过 20 多个国家地区，他得了很多诗。台湾著名画家梁云波为他出版了游旅诗集，名《逍遥游》，古色古香。另一好友张先生用小楷抄写，不幸书抄到一半，他因病早逝。为了完成这本极有意义的手抄本，老伴儿要我用小楷继续抄完装订成册。四人合作饱含深厚友情，对我们来说是稀世珍宝。

《刘征文集》八卷完成了，涵盖了他精力最旺盛时期的作品，八卷以后就停笔了吗？不会，他身体很好，写作热情不仅不减，反而诗兴更浓，曾自称“生命不息，写作不止”。我们虽已进入高龄，但这种独特的养老方式还要继续下去。老有老的生活，老有老的精神，老有老的情趣，老有老的快乐。

2013 年 6 月，于鹭峰书屋